JN235826

MIKAMI Akira

続・現代語法序説

主語廃止論

くろしお出版

1972, Tôkyô

序

川本茂雄

三上章さんのお仕事を知ったのは、まことに恥かしいことであるが、比較的に遅かったのだった。わたくしは一九六〇年〜六一年の学年をミシガン大学で過したのであったが、同大学の所在地アン・ナーバーの静かな町の一角での書生暮らしの一部屋へ、ある日「象ハ鼻ガ長イ」の一巻を小包で著者から送っていただいた。どういう経緯で贈呈を受けるに至ったのか、どうして遙々とアメリカの仮の宿にまで送って頂けることになったのか、詳かにしない。とにかく、故国から着いた新刊の書をうれしい気持で読みはじめて、たちまち魅了されてしまったことであった。

本のカバーの書名の印刷に 象ハ鼻ガ長イ とあって、「ハ」を二つに割って「ノ」の意味をも表わしてあるところなど、三上さんの学問的洞察力の深さと、表現力の斬新さを端的に

「象は鼻が長い」初版本のカバー

示していて、感じ入ったのだった。わたくし自身その少し前にフランス語学文庫（白水社）の一冊として「文の構造」という小著を手がけ、そこにバイイとセシュエの理論を踏まえてフランス語の統辞法を考察し、modus とか dictum という観念を採り入れ、また phrase liée とか phrase segmentée という考え方を重視しておいた。この後者から、例えば《Ce livre, est-ce que vous l'avez lu ?》は「この本は、お読みになった?」と和訳すると日本語として落着く、それに対して《Est-ce que vous avez lu ce livre ?》のほうは、むしろ「この本をお読みになった?」がしっくりすることなどについて、しきりに考えつづけていた。「象ハ鼻ガ長イ」は、そのような問題に鮮かな照明を当ててくれたのだった。

それ以後三上さんの論作に触れてゆくと、日本文法の種々様々な問題について目を開かれることになり、お蔭でわたくしとしては自分の専門のフランス語の現象がいっそうはっきりと見えるようになった。また、これも遅れ走せに、変形生成文法に関心をもつようになってきた時には、三上さんとバイイとの導きが背後にあって、この新しい言語理論への接近が、わたくしにはわたくしなりに殊更に興味深いものになったように思う。

三上さん御自身は、早くから modus や dictum のような考え方に、おそらく独力で到達されており、「象ハ鼻ガ長イ」では変形文法的な思考法を見事に独創しておられ、着々と稔り豊かな文法理論を築き上げておられたのであったが、わたくしのような後進にもよく意見を徴され、わたくしが大阪市立大学へ集中講義に出向いた折などは、御自分の授業をお持ちでない日には必ず姿をお見せになって、若い大学院学生にまざって座を占めておられた。こちらは面映いことでもあったし、質問やコメントを受けてその鋭さにハッと息を呑んだことも再三であった。

あれだけの独創的な見解を展開した人物であるからには、三上さんの頭脳の冴えは見事なもので、怖ろしいほどであった。しかし、大阪フェスティヴァルホールに通って音楽の醐醍味に酔う三上さんのことである。芸術を賞する繊細さも備えていれば、ユーモアを解する心ののびやかさも欠いてはおられなかった。「バイイの用語を、私は少し広く漠然とした意味に使いたい。modus の mood のムウ度という具合に度合を許す概念として使いたい」と書くような奇知を至るところで発揮する三上さんは、主語廃止論を一貫して主張してこられたのであるが、主格補語の doer と be-er の観念が世に広く認められるようになったら「be-er のハイフェンを抜いて乾杯しよう」とわたくしへのおたよりに書いてよこされた。好漢いまはなく、beer の杯を挙げることはできないことになったが、三上文法の精神はますます多くの人々によって理解され、承けつがれ、輝きを増そうとしている。

再版の序

去年の夏、刀江書院の中村さんから再版の申し出があった際、少し猶予を願って全体をすっかり書直すことにした。その後の考えを取入れたかったし、それに、初版のやや難解（?）という評判に懲りて、わかりやすい本にしたかったからである。初版は盛り沢山でごてごてしていた。

本書は幸いに多少歓迎されたのであるが、中心思想の一つである主語廃止論は、かなり大きな抵抗を受けている。広く慣用されている用語の改廃を企てることは無謀に近い。佐久間先生のご推薦で最初の小論を発表してからは十七年にもなるのに、形勢はなお前途リョウ遠である。

——五十九年八月　著者

目次

引用文の傍点は、特に断らない限り、私が打ったものである。

はじめに

本書の組立て

日本文法の構文論はまことに幼稚である。幼稚の原因は一つではないが、中で最も大きい原因は、土台がゆがんだままなことである。土台、すなわち構文論のイの一条に「文は主語と述語から成る」という虚構が据えてあることである。

だから、構文論を打立てるためには、まずこの土台を取り除けなければならない。ところが、この取り除け作業が容易でない。肝心な建設はそのさきにあるのだから、破壊にてまどるのはたいへん不本意だが、仕方がない。仕方なく、過半のペエジ数を改廃面が占めて、本書は次の二部四章から成立つ。

改廃面 {修正したいもの――第一章
廃止すべきもの――第二章

建設面｛使用できるもの――第三章
　　　｛これからの研究――第四章

第二章と第四章が主要な章である。第二章は主語廃止論であるが、少しくわしく言うと、日本文法では次の三つを廃止しなければならないという主張である。

一、主語という用語

二、主述関係という観念

三、単文、重文、複文の区別

中でも重大なのは、二の主述関係である。これは西洋文法には必要な観念であるが、日本文法では無益有害な錯覚である。そして、一の「主語」は、腐れ縁で主述関係を喚起するからいけないのである。日本文法の「主語」が西洋文法のそれと違うことさえ心得ていれば、用語はそのままでもよかろうという妥協的な意見もあるらしいが、げんに「主語」の流しつつある害毒は、そのような生ぬるさで防止できる程度を越えている。

三の区別のいけない事情は少し違っている。この区別には同情が持てる。できれば、私もこのような区別を欲しいと思う。しかし、主述関係の回数によって文の構造を分類するというやり方は間違っている。間違いはやはり有害である。だから、別の基準が見つかるまでは、単文、重文、複文の区別は延期するより仕方がない。

　主語を廃止すると、述語だけが残る。述語一つがセンテンスを背負うのである。西洋の文が主述の二本立て（bipartite）であるのに対し、日本文はいわば述語の一本立て（unipartite）である。述語（広義）は用言の種々の活用形が受持つ。だから構文の研究は、まず活用形のはたらきの研究でなければならない。第四章でそれをやるが、研究を三つの代表的なムウド、終止法、条件法、中立法（中止法）にしぼった。

　なお、構文論の不振は、文法的操作のまずさから言っても当然である。本書では文法的操作に努めたつもりである。どの章のどの節ときめて一個所にまとめてはないが、あちこちにそれを示したつもりである。

第一章　文法用語

品詞分類の改編や用語の改廃は漸進主義でなければならない。新奇な用語がやたらに飛出す独創的論文は読むのに難儀である。書く方でも、自己の用語に毎度註釈をつけざるをえないようでは手数である。

と気がついて、私自身のこれまでの態度についても反省を加えている。しかしごく少数の革新はどうしても避けられない。構文論（シンタクス）における主語の廃止とともに、品詞論（モルフォロジイ）においては活用形の更新が必要である。新活用表も、普及は容易でないのであるが、徐々に勢を得つつあるように見える。この方は主語廃止よりも荷が軽い。

一、わたしの用語

三つの改称

私の用語で変っているのは次の三つの改称であろうと思う。改称の熱意は一様でなく強弱があるから、その程度をも添えて示せば、

一、文節──→小節　すこし希望
二、助動詞──→準用詞　かなり希望
三、主語（subject）──→主格（subjective）　必死の希望

私が「文節」を好かないのは趣味の問題に近いから、その改称はあまり強い希望とは言えない。英文法関係でこの語が出てくれば、たいてい clause の意味である。私はそっちに共鳴しやすいのである。あるいは、時枝先生の「文節の名称は、文章の一節あるいは一段である paragraph を呼ぶに適切な名称として保留したいと思う」方に同感できる。そこで、ブンセツは分節（articulation）に限り、いわゆる文節は小節と呼ぶことにする。アクセント小節の小節である。唱歌の小節と一致する例は、

オテテ｜ツナイデ｜ノミチヲ｜ユケバ｜
ミンナ｜カワイイ｜コトリニ｜ナッテ｜

「助動詞」も、まず趣味の上から気持が悪かった。「べし「ごとし」や「タイ「ラシイ」を

助動詞と呼ぶのはどうも気持が悪い。これらは助形容詞でなければならない。それに、「行キモスル」「行ッテイル」などの傍線が補助動詞とか補助用言とか呼ばれるのである。助動詞も補助動詞も auxiliary verb に当るものだろうが、どうも奇体である。近ごろ準動詞という用語も見かける。私のは、準の字の下へ動詞と形容詞とを引っくるめた準用詞である。そして動詞、形容詞、準用詞の三つを用言と総称する。

「主語」を敵視するのは、そうしなければ私は学問をしていることにならないからである。この一語のために日本文法が小児マヒの状態に陥っていることをはっきり認識した者が、この一語を敵視しなかったら、それこそ申しわけが立たない。

手もとの雑誌を開くと、早速「ところが生徒の作文をみれば漫延体の文が大変に多い。いいかえると主語・述語、修飾・被修飾の対応がはなれすぎ間のびしている」と出ている。このように主述関係と修飾被修飾関係とをわざわざ併記して単一な事柄を述べたものが非常に多いが、いわば、東京人と日本人とを一々併記するばかばかしさをいつまで続ける気なんだろう。

文の成分の順序には、次のようなきまりがあるそうである。

一、主語と述語とでは、主語が前に、述語が後に来る。

二、修飾語と被修飾語とでは、修飾語が前に、被修飾語が後に来る。

三、文節を接続する働きをするもの以外の独立語は、文の最初に来る。

第一条は第二条に吸収されるはずのものである。つまり第一、二の両条は、ただ一つのきまりをわざわざ二個条に分けて書くというむだ手間を示したものである。係りが前に、係られが後に来るというただ一つのきまりがあるだけである。

主語温存派——というと、有象無象九十九パアセントがそっち側であるが、温存派も主語を温存することに自信があるわけでないことは、次の文章からも伺えよう。

> 主語の省略については、さきの一要素文とか喚体句・独立語とかいわれる、主語、述語の融合したもののほかに、国語では、(1)(ア)主語を欠くもの(イ)何が主語かはっきりしないもの(2)主語をいわなくてもいいものがある。何が主語かわからないものは、国語独特のもので、文法的には説明しにくいものである。学校文法では、こういうものには深く立ち入らない。理論文法には論理の一貫性を守るためこういうものを除外することはあっても、実用文法こそこういうものに触れなければならないのだが、学校文法も文法であるので、その入れ方、扱い方に困難がある。学校文法も、法則的なもの、はっきり理論的に説明できるものだけを扱うからである。(主語を連用修飾語(橋本博士)、述語からの抽

出（時枝博士）とする説に注意）

（白石大二、解釈と鑑賞　五十九年六月）

何を言ってるのか、わかりにくい文章であるが、要するに、学校文法がゴマカシに終始していることを白状されたものらしい。このようによろめきながら、よろめき止めの主語廃止論には一顧も与えない――与えてもらえないのは、まことに残念である。

もっとも、橋本、時枝両先生が主語を素直には認めておられないことが、申しわけみたいに書き添えてはある。世評によると、この両先生は日本文法界の双ヘキということになっている。双ヘキがそろって主語に対して批判的であることを見て、温存派の人々も少しぐらい疑惑を起してみられてはどうだろう。

主の字のつく用語

主語廃止論者は私一人ではない。先覚者鶴田常吉先生の手きびしい意見を引用する。

各種の連語に対する誤認の中で最も大きい誤認は主格連語に対する誤認であり、主格連語に対する誤認がもとになつて単位句の構造についての誤認が生じ、国語の特質に対して色々の間違つた考へが生じてゐる。

（「日本文法学原論後篇」二七四ペ）

傍点は、主述関係という特別な関係が成立つと思う錯覚を指している。この錯覚がもとになって、日本文の構造がまるでわけのわからぬものになっているのである。という指摘に対して温存派の人々の反省ないし反論を希望する。これも「大げさに言へば、国語に対して主権を有する国民として、国語常用者としての常識に立脚して、世の国文法学者にお尋ねする質問書である」（「原論」緒言）から。

第二章の準備として、無用な混乱を少しでも少なくするために、主の字のつく主題、主体、主格、主語をあるいは改め、あるいは使い分けをきめておく。主の字はできるだけへらす方針である。

まず主題は題目（theme）とする。主体というのは動作、性質、資格の担い手である。言換えると、仕手（doer）と有手（be-er）である。仕手は能のシテと同じ。有手というのは、ありさま（有様）、ありよう、あり方というあのありのあり手である。仕手と有手と、一々二つの手を並記するのはわずらわしいから、仕手を少し広義にして、有手をそれに含めることにする。文法上の仕手は有情者に限らず、非情物をも指すし、「親切ガカエッテアダトナリ」の傍線のような抽象名詞をも指すのである。

主体には今一つの意味がある。言語主体、略して言主の意味である。これは話手（speaker）と呼ぶことにする。広義には、もちろん書手（writer）をも含む話手である。

仕手を表す格が主格（subjective）である。というよりも、主格「Xガ」としてあらわれる有情者や非情物が仕手である。と逆に規定する方が正確だろう。その主格が構文上ある特別な役割を果すときに、その役割を主語と呼ぶのである。ということは次章で説明するが、それは西洋文法特有の用語であるから、別に英文法の主語に関する少し立入った見解を巻末の付録とした。

主語と主格とは概念の次元が違うのであって、主語はもっぱら述語と張り合って主述関係を形作るのに反して、主格（Xガ）は、対格（Xヲ）、位格（Xニ）、共格（Xト）、奪格（Xカラ）などの格仲間の一員を指す名前にすぎない。格仲間では最も幅のきく一員であり、したがって主要な格ではあるけれども。

下に語のつく用語

姉妹概念は、しんがりの漢字がそろいやすい。名詞、動詞、形容詞とか主格、対格、位格とかは無難な方かも知れないが、これはそろえすぎると、しかつめらしくなっていけない。次の英語と訳語とを見比べていただきたい。

predicate	述語
subject	主語
object	目的語、客語
complement	補語、補足語
modifier	修飾語
suffix	接尾語

みんな語がついていてきちんとしているが、じつは窮屈で不便である。object は単に「目的」で十分だったろう。complement, modifier も少し慣れれば「補足「修飾」で間に合うかも知れない。私は接尾語にも抵抗を感じるので、接尾辞と言っているが、これも「接尾」とすれば、余計な気苦労（?）が要らなくなる。我々の漢字並べ（造語法）は、どうも小ざかしくなり勝ちである。

漢字の節約もゆるめる必要がある。たとえば、補語（保護）は補足語にしたいし、locative

の位格（威嚇）も位置格に引き伸ばしたい。もっとも、本書では両方をチャンポンに使うかも知れない。

二、広義の接尾辞

種々の接尾辞

広義の接尾辞の問題はたいへんメンドウである。それらには、単語であるか否かの判定のむずかしいものが相当ある。ここには、間に合せの分類で次の五種類を並べておく。

活用語尾	付属辞
接尾辞（狭義）	付属辞
準　詞（準体詞、準用詞）	付属語
助　詞	付属語
添　詞（添名詞、添動詞、添形容詞）	付属語的用法の自立語

佐久間先生の吸着語は「自身実質的な意味を欠き、独立の用法を持たず、何か具体的な内容を示す他の語・句・節を受けて、それに何かの品詞の資格を与える語をまとめて呼ぶ」（阪倉

「日本文法辞典」）のであるが、それらの大部分を添詞とし、一そう形式化の進んだものを準詞とし、進みきったものは活用語尾に繰り入れる。

ヒマガナイ	（形容詞）
行カナイ	（活用語尾）
ナサケナイ	（接尾辞）
サシツカエナイ	（添形容詞）
ウマクナイ	（添形容詞）
魚デハナイ	（添形容詞）
ケモノデアル	（添動詞）
行キツツアル	（添動詞）
ヒマガアル	（動詞）
モノガ言エナイ	（名詞）
生キモノ	（接尾辞）
知ラナインダモノ。	（助詞）

コウスルモノダヨ。　(添名詞?)
知ラナイノサ。　(準体詞)
コトガコトダカラ、　(名詞)
ソイツハコトダ。　(名詞?)
ヨク行ッタコトダ。　(添名詞?)
キレイダコト!　(助詞)

添詞のあるものは、自立語の意味の名残りが非常に薄くなっているので、別語(とすれば準詞)とすべきかも知れないが、同形のよしみを重んじてしばらく妥協的に添詞に留めておくにすぎない。添に対して、自立語の本来の用法には本をつける。

ソレヲ僕ニクレロ。　(本動詞)
ソレヲ見セテクレ。　(添動詞)

活用表の更新

まず、旧式活用表を掲げる。当用漢字要覧という小冊子の付録から取ったものだが、文法教科書にも何十年一日のごとくこれに似た活用表が載っていそうである。

種類	基本形	語幹	未然形	連用形	終止形	連体形	仮定形	命令形
五段	住ム	ス	マ モ	ミ ン	ム	ム	メ	メ
上一段	着ル	○	キ	キ	キル	キル	キレ	キロ キヨ
下一段	食ベル	タ	ベ	ベ	ベル	ベル	ベレ	ベロ ベヨ
変格	来ル	○	コ	キ	クル	クル	クレ	コイ
	スル	○	シ サ	シ	スル	スル	スレ	シロ セヨ

語幹はロオマ字を使わなければ、正しく書き表わすことができない。すべての動詞は、語幹の種類に応じて次の三種類に分れる。

五段活用　強変化　語幹が子音に終る

一段活用　弱変化　語幹が母音に終る

右の旧式表の基本形、終止形、連体形は同形だから、自立形という一つの名前にまとめ、用法を三つに分ける。

基本形──→（自立形の）不定法
終止形──→（自立形の）終止法
連体形──→（自立形の）連体法

終止法というのは言い切りになる用法であるが、他に命令形、推量形もやはり終止法として使われるから、自立形の専用ではない。

連用形改め中立形は、自立形と並んで用法の多い活用形である。中立法（中止法）に使われるほか、造語成分として多くの複合語を作るし、また動作名詞(行キ、帰リ、勝チ、負ケなど)にもなる。

条件形、推量形（推量や意向を表す）、命令形の三形は、それぞれ一用法ずつの活用形である。

次に、新式活用表の見本を掲げる。

語幹	sum	ki	tabe	k～	s～
中立形	sumi	ki	tabe	ki	si
自立形	sumu	kiru	taberu	kuru	suru
条件形	sumeba	kireba	tabereba	kureba	sureba
推量形	sumô	kiyô	tabeyô	koyô	siyô
命令形	sume	kiro	tabero	koi	siro

このような活用表が行われるようになるまでには、まだまだ抵抗があることだろうが、革新派も多士せいせいで、田丸卓郎、佐久間鼎、三尾砂、宮田幸一、小林英夫、金田一春彦、内藤好文その他多勢を擁している。活用表には各人各説の部分もあって、統一されるまでにはいたらないが、革新派は全体として次第に勢力を増しつつある。ロオマ字論者やアメリカの構造言語学者はすべて革新派である。

形容詞の活用表は次の通り。

種類	語幹形	連体形	連用形	条件形
イ形容詞	短カ	短カイ	短カク	短カケレバ
ナ形容詞	静カ	静カナ	静カニ	

ナ形容詞は活用形が少なく、条件法以下は語幹形と準用詞の活用形との組立てで表す。

静カ＋ナラ、静カ＋デ、静カ＋ダ　など

いわゆるサ変動詞の大多数は、語幹（漢語など）と添動詞「スル」との組立てである。

紹介＋スル、紹介＋シ、紹介＋スレバ　など

活用表作成の技術

さきに掲げたのは、活用表の一見本の、しかも一部分であるが、新式の精神がわかったら、各自活用表を作ってみられるとよかろう。

多くの変化形を並べてよく見比べ、それを純技術的に整理することである。語原にわずらわされてはいけない。音便などいう歴史的な説明も引っこめなければならない。やり方の手本を上げておこう。

阪倉篤義さんは、

行キマス　　静カ　デス

行キマセン　（デセンという形はない）

行キマショウ　　静カ　デショウ

行キマシタ　　静カ　デシタ

行キマシテ　　静カ　デシテ

の見比べから、連用形「行キ「デ」に連接する丁寧さの助動詞として「マス」と「ス」とを抽出された。巧妙なやり方である。

「英語教育」五十六年五—六月（開隆堂）に、太田朗さんが、構造言語学者 B. Bloch の活用表を紹介しておられる。Bloch は、変格動詞以外のすべての動詞を母音動詞（例、食ベル）と子音動詞（例、待ツ）との二種類に分ける。そして変化形を次のように並べて整理する。

母音動詞	子音動詞	活用語尾
tabenai	matanai	～nai/～anai
tabeta	matta	※
tabete	matte	※
taberu	matu	～ru/～u
tabereba	mateba	～reba/～eba

tabetaroo	mattaroo	※
tabeyoo	matoo	~yoo/~oo
tabetari	mattari	※
tabe〔nagara〕	mati〔nagara〕	~nagara/~inagara
tabero	mate	~ro/~e

活用語尾の※印空欄の個所は、両種の動詞の語尾が一致するところである。私は、この空欄の行の活用形は完了語幹を立てて一括したらよいと思う。子音動詞（強変化、五段）について示すと、

基本語幹	mat（待）	omow（思）	nak（泣）	isog（急）
完了語幹	matt	omott	nait	isoid

	中立	自立	条件	推量	命令
基本	急ギ	急グ	急ゲバ	急ゴウ	急ゲ
完了	急イデ	急イダ	急イダラ	急イダロウ	

太田さんは Bloch の方法を推賞した後で、「このような文法は日本人でも考えた人があるそ

うであるが、私は知らない」と書き添えておられる。この次には、日本文には主述関係が存在しないことを、アメリカの学者から教わるようになるだろう。

助詞と準詞

付属語は、活用する助動詞と活用しない助詞とに二分されている。しかし、この分類法は安易にすぎる。

自立語でも活用の有無によって二分したままでは、活用する方の用言だけ性格がはっきりして、活用しないという消極的規定を受ける側には、いろいろ性質の違った品詞（名詞、副詞、接続詞、間投詞）が雑然と並ぶことになるが、付属語も同様であって、助詞は活用しないという消極的規定だけの語類だから、まことに雑然としている。

おまけに、付属語は活用する側にも問題が起る。いわゆる助動詞の活用は一般に不規則、不活発であり、不活発の果ては活用停止の不変化助動詞（金田一）になる。昔の「て、て、つ、つる、つれ、てよ」は、一形「テ」だけ生残っている。「テ」と「ツツ」とは、性質から言って助動詞に入れたくなる。早くから「ナガラ」「ガテラ」などをそれぞれただ一形の助動詞と見る説（杉山）もある。ある種の「ト」や「ニ」を助動詞とする説（時枝）にも私は賛成するのであるが、これらも一形だけの助動詞である。付属語においては、活用するということが自立語の場合ほど明リョウな基準にならないのである。活用の有無によって付属語を分類することは、二重に不適当である。

彼ヲ無視シタノガイケナカッタ。
ダレガ来タカヲ知レバ、驚クヨ。

の傍線は助詞と言わざるを得ないが、格助詞や終助詞とはひどく性質の違った付属語である。橋本進吉の分類では準体助詞という名前になっているが、私はそれから助の字を抜いて（つまり助詞から追出して）準体詞とする。ある不安定な語句（強く係り先を求める連体句）を受けて全体を体言に準じる資格のものにする付属語だからである。

私も付属語を助詞と準詞とに二分するが、これは付属の仕方による分類である。安定した語句に付属して、そのはたらきを助けるのが助詞であり、不安定な語句に付属してそれを名詞、動詞、形容詞に準じさせるのが準詞である。不安定な語句は下と一体化しやすいから、一般に準詞は単語としての独立性が低い。もっとも安定、不安定はわずかな程度の違いであって、その境界はあまりはっきりしたものではない。例を上げておく。

安定した形――名詞のほかに、行ク（終止法）、行ッテ、静カダ、静カデ

不安定な形――行キ、行ク（連体法）、静カ（または語幹用法の名詞）、静カナ

行ッテ（安定）＋モ（助詞）

行キ（不安定）＋ナガラ（準詞）

静カダ（安定）＋カラ（助詞）

静カナ（不安定）＋ノデ（準詞）

助詞を格助詞、並立助詞、接続助詞、係助詞（副助詞を含む）、切助詞（終助詞、間投助詞）の五類に分ち、準詞を準用詞（助動詞より広い）と準体詞（名詞、副詞の資格を与える準詞）との二種類にする。

君ニダケ話ソウ。　　（係助詞）

要ルダケ取ッテクレ。　　（準体詞）

準詞の中で「カ」はたいへん重要であり、二種類にまたがる。

元気カ（イ）？　　（準用詞）

イカニ生クベキカ——ソレガ問題ダ。　（準用詞）

ダレガヤッタカマダワカラナイ。　（準体詞）

ダレガヤッタカヲ調ベテミヨウ。　（準体詞）

準体詞の代表は「ノ」である。

好キナノヲ取リタマエ。　（モノ）

ワタシノヲ貸シテアゲヨウ。　（ノモノ）

敵ガ逃ゲタノヲ知ッテ、急ニ強ガリダシタ。　（コト）

敵ガ逃ゲルノヲ追ッテ（逃ゲル敵ヲ追ッテ）

深入リシタノデアル。　（ワケ）

第二章　いわゆる主述関係

ヨオロッパ語のセンテンスが主述関係を骨子として成立することは事実であるが、それは彼等西洋人の言語習慣がそうなっているというにすぎない。決して普遍国際的な習慣ではないし、また別に論理的な規範でもない。わが文法界は、それを国際的、論理的な構文原理であるかのように買い被ってそのまま自国文法に取り入れ、勝手にいじけてしまっている。だから、主述関係という錯覚を一掃し、その錯覚を導入しやすい「主語」を廃止せよ、というのは、いわば福音の宣伝なのである。

一、西洋文法の主語

主語は題目ではない

主語は必ずしも題目（what we are talking about）ではない。しかし不幸にも、主語即題目という観念が広く流布している。げんに、高等学校の英文法教科書は次のような説明を掲げている。

A sentence usually consists of two parts. The first part is what we are talking about, which is called the subject. The second part is what we say about the subject, which is called the predicate.

センテンスは通常二つの部分から成立つ。第一部は題目であって主語と呼ばれ、第二部はその主語について述べる部分、すなわち述部である。

二部分から成る（bipartite）ということ以外は、ゴマカシ（細谷雄平さんの言、「英語研究」五十一年六月）である。今時どうしてこのようなゴマカシを教科書に載せるのか、その理由は私には全く理解できないが、このようなゴマカシの発生した事情の方は推察できる。

主語は題目であったりなかったりであるが、場合は半々でなく、題目である場合の方が優勢であり、おまけに眼にもつきやすい。そのために不当な概括の主語題目説が起り、広まったのである。

今少しくわしく言うと、

The whale is a mammal.　（鯨ハケモノデアル）

のようなセンテンスでは、主語はまさしく題目である。一般に種概念Aと類概念BとがA is B. と置かれる文、いわゆる包摂判断を表す文に対しては、題目説はよく当てはまる。そしてこの種のセンテンスは重要であって度数も多く、よく眼につく。

しかし、「甲ハ、乙ダ」と「甲ガ乙ダ」との区別の不十分な英語では、A is B. 型にさえ怪しげなのが出てくるし、まして叙事叙景の文では、主語は題目だか何だかわかったものではない。題目説は誤りである。

困ったことに、主語題目説には論理学というスポンサアがついている。論理学では、周知のように命題を次のように分析する。

$$\frac{\text{The whale}}{\textit{subject}}+\frac{\text{is}}{\textit{copula}}+\frac{\text{a mammal.}}{\textit{predicate}}$$

文法では is a mammal. を述部とし、その中の述語は is を指すから、文の後半については用語が少し食違うが、前半の主語は共通である。そこで、文法上の主語にも判断の主概念というような論理的権威が乗り移りやすい。じじつ、乗り移った観がある。

論理学者は包摂判断 A is B. だけを相手にする。だから The whale swims. にもコプラを入れて The wahale is in the state of swimming. と引伸ばしてしまう。いや、もっと進めて The whale is a swimmer.（鯨ハ泳ギ手デアル）という形に直して、S－コプラ－Pを適用するのである。このようにある一部のセンテンス、しかも整形したものにだけ適用できるはずの論理的概念が、不当にもあらゆる種類のセンテンスに押しつけられる。

部分が何となく全体へ拡張され、論理と文法との混線が何となく行われて、たとえば、It rains.（雨ガ降ル）の It のようなものまで何となく論理的権威を帯びた主概念と見なされてくる。

買い被りの次第

押し出しのいい題目説で、主述関係とは、「何モノカ」について「何ゴトカ」を述べることを指している、と言われれば、これは普遍的な言語心理を言い当てているものと受け取れる。買い被るのは当然である。やがて、「何モノカ」（主概念）について「何ゴトカ」を判断したものというふうに買い被り進むのも自然である。

もともと西洋人の方がそう思い込んでいたのだから、我々の先学がその通りに買い被ったの

は無理もなかった。小型英和辞典で subject を引いてみると、

部下、臣民、主意、題目・問題、科目・学科……

となっている。俗語として最もよく出食わすのは「題目」の意味である。そもそも subject という命名が題目のつもりだったのである。

買い被りを反映して、日本文法用の訳語も「主語」ときまった。やんごとなくも、文のおんあるじである。めったに悪口も言えないような字面である。

主語即題目という買い被りは、その後すっかり是正された。

主語は或事を述べる題目（又は主題）となる語であり、述語はその題目について述べ説明するものであるといふ定義が一般に行はれてゐます。これは無論西洋文法から来た考でありますが、「水は冷い」「私は学生です」といふやうな文は、「水」「私」の何であるかを説明したものですから、水・私を題目といってよいのですが、「鳥が飛ぶ」「雨が降る」「風が吹く」のやうな文に於ては、鳥や雨や風は特に問題の中心になってゐるのではありませんから、之を題目といふのはあたりません。又、「二階には弟夫婦が住み、下には私共が住んでゐます」の如き文では、叙述の題目になってゐるものは、主語よりもむしろ「二階」「下」であります。「鳥が飛ぶ」「雨が降る」などは或一つの事柄を

叙述してゐるので、特に鳥や雨がどうであるかを問題にしてゐるのではありません。(橋本進吉「新文典別記」)

レッテル(題目説)と中味(事実上の主語)との矛盾を正しく指摘している。そこで、真の題目は次の二重線の語であり、二重線のない文は題目を欠くのである。

二階ニハ弟夫婦ガ住ミ、下ニハ私共ガ住ンデイマス。
昨日ハ、卒業式ガアッタ。
甲ハ、優等賞ヲモラッタ。
来賓ガ祝辞ヲ述ベタ。
答辞ハ、乙ガ読ンダ。

日本語の構文論は、このように題目と述部からなる構文の研究へと進まなければならないのに、そうはならず、題目の地位を失った「主語」が旧態依然として威張らせられるのである。さっきの引用の続きがいけない。

それよりも、鳥や雨は「飛ぶ」「降る」といふ叙述する語に対して、何が飛ぶか、何が降るかを示してゐるものです。即ち、述語あっての主語です。「水は冷い」「私は学生です」の水、学生も、「冷い」

「学生です」が述語で、水、私は述語に対して「何が冷いか」「何が学生であるか」を示すものである点は違ひません。それ故、述語があってはじめて主語があると見て差支ないと思ひます。よって、述語を先にし、主語を後にしました。

「何ガ学生デアルカ」と言われると、しかられてるみたいである。私の少読の範囲で言うと、英文法では who と what とをごっちゃにはしない。という揚げ足取りは別にしても、橋本の認識は一知半解の程度に止って、主述関係というわざわいの種を後に残す仕儀となってしまった。

S－P の呼応

仕手（鳥ガ、雨ガ、水ガ、私ガなど）を無条件に主語ときめてしまってはいけない。ヨオロッパ語では、仕手が主述関係という分割（bipartition）の片方を占めるために主語なのである。そういう言語習慣としての主述関係だから、それ自身は論理的でも非論理的でもない。むしろ非論理的な関係だと言いたいくらいである。彼等が主述関係を使いこなして能率的な文章を書いていることは別問題として。

A bird *is* flying.

Birds *are* flying.

右のように主語は述語（finite verb）と人称や数の呼応をする。そして主語と述語とはそれぞれ従属成分（または修飾成分）を従えて主部―述部となり、センテンスを二分する。

A bird	+	is flying
Birds	+	are flying

今一例を取って、主述関係の非論理性(?)を明らかにしよう。

甲ガ乙ニ丙ヲ紹介シタ。

A introduced C to B.

この両文に共通な論理的な内容は次の通りであり、それは、およそ「紹介」という意味の単語を持つ言語なら、何語についても言えることである。

これは、甲乙丙三人の間に成り立つある関係を表している。つけたり——三人の役割に軽重をつければ、この関係的行為（紹介）のイニシアチヴを取る甲が第一人者である。

このような論理的内容をさながらに表すのが日本語の構文である。矢印で従属を示して次のように書くことができる。語順上、甲を先頭に置くことを見れば、つけたりにも考慮を払って公平であることがわかる。

甲ガ
乙ニ→紹介シタ。
丙ヲ

西洋人は右の論理的内容を無視する。そしてもっぱらつけたりを誇張し、「紹介」に絶対必要な三人のうち甲一人だけを強引に引立てる。

甲（ガ）↓　↑紹介シタ←丙ヲ
　　　　　　　　　　←乙ニ

彼我、構文の相違を図示すれば、

西洋　天ビン型（bipartite）

［主　部］＋［述　部］

日本　入れ子型（unipartite）

甲ガ乙ニ丙ヲ紹介シタ。

日本語には「甲ガ」だけが述語と呼応するという現象はないし、「ガ」と「乙」との間に特に大きい裂け目ができて、センテンスが上下に二分されるわけでもない。それを、もし「甲ガ」だけを抜き出して「紹介シタ」と主述関係をなしていると言うくらいなら、「丙ヲ紹介シタ」を客述関係と言い、修飾語や副詞についても修述関係、副述関係を言うのでなければ、公明(consistent)でない。つまり、述語はもやい(共有)になっているのであるが、習慣的に主だけが述と組む主述関係はこの根本を見誤らせてしまう。

日本語の入れ子型は論理学の方で評判がよい。次に日本の論理学者の意見を取り次ぐ。吉田夏彦さんの「思考とことば」(講座「現代国語学」所収)の終の部分である。少し長く引用して、熟読をお願いする。

> 同じ論理的表現にしても、たとえば述語論理の表現をとるなら、これはヨーロッパ語よりも日本語の語法にずっと近い点——たとえば命題否定詞の位置——をたくさん持ち、問題の主格の位置などはその最たるものであるといってよい。すなわち、主辞、繋辞、賓辞の三要素から成る判断を基本命題文

にとる三段論法とちがって、述語論理では、任意有限個（三上注、「紹介」の文例では甲乙丙の三個）の個体間に成立する関係をのべる命題をあらわす文が基本単位となる。そしてこの文の構造は、主格に立つ体言が他の体言と対等の地位にたち、これらの体言のあいだの関係を述語がしめくくるといわれる日本語の文章の構造にきわめてにているのである。それ故今度は、述語論理の観点からみることにすれば、英語やフランス語よりも日本語の方が論理的表現の構造をはっきりさせるのに適しているともいえる。更に述語論理の方が、伝統的形式論理学のとりあつかう範囲をつつんだ上で、一般的な論証を分析する能力を持っていることを考えれば、その点から、日本語の方がより論理的だとさえいうこともできるのである。

述語論理というのは、主述関係軽視の命題に関する論理というほどの意味に取られたい。

買い被りをやめよう

日本文法に関する限り、主述関係はもと売り被せ、買い被りに始った錯覚である。罪は売り被せ側にあるが、罰（被害）は我々買い被り側が引受けているのだから、まるで引き合わない話である。

むろん、西洋からの売り被せが今もなお続いているわけではない。当然ながら、まず論理学者が主述関係の真価を見破った。それは別に論理的な関係ではない、という認識は論理学界ではもはや常識になっているらしい。参照しやすい論理学者の名前を少し上げておく。

クウチュラア（イェスペルセン原著「文法の原理」一九一ぺ）

ラッセル（岩波文庫「数理哲学序説」一八六ぺ）

ショオヴィノオ原著「記号論理学」（クセジュ文庫）

クセジュ文庫は入手しやすいから、この訳書の四九ぺから五二ぺまでのご一読を希望する。そこにも、日本語の構文こそ論理的である——とは書いてないが、それと同じ結論になるはずのことが書いてある。

つづいて、文法家も主語題目説のまちがいに気がついた。今日、英文法の専門家で題目説を信奉するほどウカツな人があろうとは思われない。高名な C. C. Fries の *The Structure of English*, p. 174 を読んで、なお主語即題目という先入見を維持できる人は、よほどどうかしている。

買い被り側の我々の方も、単に買い被りつづけて来たわけではない。主述関係を疑った先学同学も一人や二人や三人ではなかった。私自身は徹頭徹尾、主述関係を否認しつづけている。

ただ学界と教育界と、それに時たま日本文法に口出しする専門外の知識階級とを通じて、主述関係を依然もったいながっている人がまだまだ多いことは事実である。

この状況を、さっきの吉田さんは次のように嘆いておられる。

それなのに何故、日本語の場合についてだけこういうこと（三上注、文末決定性にまつわる不都合など）が強調されるのかといえば、それは、一つには、主語―述語というかたちがヨーロッパ語文の基本構造とされ、伝統的形式論理学がこの構造をモデルにして、思考表現の構造分析をして来たというところから来るのではないだろうか。そうしてこの伝統的形式論理学の成果に密着して思考の構造をとらえようとするやり方が、今なお方々に根づよくのこっているからではなかろうか。このやり方がまちがっていることについては、筑摩書房発行の、講座「現代国語学」第一巻所収の拙稿にのべておいたから、ここではくりかえさない。　（言語生活五十八年九月）

私も、主述関係という先入見の根強さにはほとほとあきれている。それはほとんど迷信に近いのである。説得に骨が折れるのも、仕方がない。

主述関係は西洋文法の事実だから、西洋文法では大いにウンヌンしてもいいだろう。しかし、それを日本文法へも持込まなければならないもの、と思ってはいけない。持込んでも持込まなくてもどっちでもよい、と思ってもいけない。持ちこんではならない――と堅く決心しなければならない。

二、主語存置論

理由ならぬ理由

私の主語廃止論に対して、それを主格の重要さをまるで無視するもののように心配される向きもあるかも知れないが、主格の優位は争えないのであり、それを重視する点で私は決して人後に落ちない――むしろ人前に出ているつもりである。正当な次元における主格に対しては、主格中心説を抱くが、それは第三章に譲る。

主語廃止論への反批判としての主語存置論にはどんなものがあるか。今後はともかく、今までのところ反批判らしい反批判はほとんど出ていない。

酒は尽きぬ。

酒はのむべからず。

前者の「酒は」は主語、後者の「酒は」は「酒を」のことであって、主語でなく連用修飾語である。

こういう風に難しいので、主語なんてものは文法から追放したいという人もあるが、やはり、文節関係を知るためには、残しておく方がよいだろう。（佐伯梅友、研修会速記）

これでは何もわかっておられないということになる。もっとも文責記者にありそうなプリントに下した判断だから、もし佐伯先生の真意が別のところにあるのなら、今の前言取消しである。

佐藤喜代治さんの主語存置論（「日本文法講座」総論）には理由が上げてあるが、それは次のように頼りない理由である。

ただし、主語の位置も全く不定というのではなく、原則的な定まりはあるというべきである。また、主語述語の対応も英語などに似たものはないが、敬語の用い方などでは一種の対応の認められることを注意すべきである。

位置の定まりというのは、いわゆる主語が正常語順で先頭に来ることを指されたらしいが、「ヒョウタンカラ|コマガ|出ル」「花ニ|虫ガ|ツク」のように、主格が第二の位置に来る文例も少なくないのである。

敬語法における主述の対応というのは、次のようなものを指されたに違いない。

殿下ガオ着キニナル

殿下ガゴ休息ニナル

ところが、動詞に「オ」や「ゴ」をつけて敬意を表すのは、主格に対してばかりではない。目的格に対しても敬意が払われるのである。

殿下ヲオ待チスル

殿下ニオ会イスル

殿下トオ話シスル

殿下ヲゴ案内スル

殿下ニゴ説明スル

殿下トゴ協議スル

そして、このような敬語動詞のあらわれる条件も同一である。すなわち、主格なり目的格なり（ここの文例で言えば「殿下」）が、相手か、相手の近親か、または相手の眼上である場合に「オ……ニナル」や「オ……スル」があらわれるのである。だから、敬語法は主語存置の理由にならない。

主格の絶対的優位

ヨオロッパ語では主格だけが述語（finite verb）と呼応し、他の格（斜格）は無力である。これを主格の絶対的優位とする。日本語でも、題目「Xハ」になるのは主格が最も多く、他の格（ヲ、ニ、カラ、など）が題目になる場合はそれよりも少ない。これは程度問題であるから、主格の優位も相対的である。

では、日本語には主格の絶対的優位を示す現象は全くないのかと言えば、ないことはない。次の二つを上げることができる。

一つはガノ可変である。

雨ガ｜降ル――→雨ノ｜降ル日‖（連体句）

というように主格の「ガ」だけは「ノ」に変えられるが、「ヲ」以下の格助詞にはこのような可変性はない。次のような副詞的な語句においてもガノ可変である。

気ノ｜向クママニ‖、君ノ｜言ウ通リ‖、事情ノ｜許ス限リ‖、結果ノ｜ワカルマデ‖、火ノ｜ツイタヨウニ‖泣キ出ス、……

この優位はたしかに絶対的であるが、「ガ」を「ノ」に変えてもよいのであって、変えなくてはならないのではないから、条件として弱い。これを盾に主語を存置することはできない。今一つは「ガ」が副詞化に抵抗することである。「アイソガヨイ」を連用形にして、

アイソガヨクモテナス

とは言えない。「アイソモヨク」か「アイソヨク」でなければならない。これは他の格助詞に見られない（「へ」も少し抵抗？）優位である。

島田保さんの卒業論文「現代日本語の構文法」（国語国文 四十三年六月）は、この問題の両面を照らしている。

元気よく遊ぶ。

爆音高く出発する。

御声さわやかに令旨を賜はる。

この種のものは主語述語の関係を含んでゐるといふので普通「節」の一種に数へられてゐるが、これらの形容詞形容動詞の連用形が果して一面に述語としての機能を営んでゐるのかどうか頗る疑はしい。「御ひつぎの車は儀杖隊の護りもいかめしく高輪の御殿へお進みになってゐた。」のやうに「も」

> の助詞を入れ得る場合が多いが、主格助詞の「が」などを置くと全体が修飾語でなくなってしまふのである。
>
> ……「節」が普通に「文が独立を失って他の文の一部になったもの」と定義されるのもそのためであらうが、その節を主語述語の関係を含むもののみに限るのは果して妥当であらうか。勿論文中に用ゐられるこれらの語団の中に主語、殊に助詞「が」をもつ主語を含むことはその語団にかなり著しい様相を与へるものである。しかし場面や文脈や常識で相手にわかる限り文のどんな成分でも顕さずに済ますのが日本語の常である。表面に主語が顕れてゐなくても表現上節と同価なものはいくらでもあり得る。……主語のない文があり得るなら主語のない節もあってよい筈である。（傍点原文）

たしかに「ガ」は副詞化を防ぐ（つまり陳述性を支える）十分条件ではあるが、決して必要条件ではないから、主語を存置してみてもどうということもないのである。しかし、これは主格の絶対的優位としては最も顕著なものであるから、主語存置論を組立てるならこれを手がかりにするほかはない——という留保を付言しておく。

主格の相対的優位

主格の相対的優位はいろいろある。中でも重要と思われるものを二つ上げておく。

一つは、他種の助詞との連接にあらわれる優位である。

格助詞	ノ	ハ	モ
ガ	ノ	ハ	モ
ヲ	ノ	ハ	(ヲ)モ
ニ(静)	ノ	(ニ)ハ	(ニ)モ
ニ(動)	(ヘノ)／(カラノ)	ニハ	ニモ
ト	トノ	トハ	トモ

静的な「ニ」の例
ニ……ガ有ル
ニ……ガ要ル
動的な「ニ」の例
ニ貸ス
ニ借リル

「ヘ「カラ「デ」は「ト」と同様であり、「甲氏トノ一時間」とか「乙氏ヘノ通知」とか言う。「ガノ「ガハ「ガモ」はすべて不成立。右の表からも「ガ」が断然第一格であることはわかるが、題目「Xハ」の代行できる格が「ガ「ヲ「ニ(静)」の三つであることもわかる。この三つの格を一括して上位の格と見なすと、いろいろ都合がよい。

「Xハ」は三つの格を代行しえるが、中でも「Xガ」を代行する場合が最も多く、特に長大なセンテンスの場合そうなる。これが今一つの、もっと重要な相対的優位である。題目の「ハ」

は、「ガ」になるもの、または「ノ」を経て「ガ」に出て行くものが非常に優勢である。

甲ハ、乙ニ丙ヲ紹介シタ。（甲ガ……）

象ハ、鼻ガ長イ。（象ノ鼻ガ……）

題目「Xハ」は構文上はなはだ有力である。そういう題目になる機会が最も多い点に、主格の実力が認められる。取分け包摂判断「甲ハ《主格》乙ダ」が主格のひとり舞台であることが、主格の貫禄を一そう大きくする。

以上のように、日本語の主格は小さい絶対的優位と大きい相対的優位とを持っている。絶対的優位は、西洋のそれに比べて格段に小さいから、わが主格に彼の主格と同じ名前「主語」を与えることは錯誤のもとになる。じじつ、多くの錯誤を産んでいる。

相対的優位には、次のような意味もつけられる。

主格も題目の位置にのし上ってこそ、つまり「ガ」でなく「ハ」に伴われてこそ、真に有力であるということから、単純な主格「Xガ」の優位は相対的に止どまらざるをえない。じっさい、次のような一重線の「Xガ」は軽く扱われ勝ちである。不当に軽く扱われている。

象ハ、鼻ガ長イ。

父ハ、酔ッテ帰ルコトガ多カッタ。

アノ書キ出シハ、二ツノ文トシテ押エルコトガデキマス。

ところが、私は主格を重視することにかけては人前《ジンゼン》に出る方だから、右のような主格をもそれほど軽視しない。格仲間では主格が中心であり、しかも一文には主格（他の格もそれぞれ）は唯一つ、という考えであるから、右のような主格でもやはり唯一の主格としてかなり重視するのである。題目を取下げて、右の三文の中味（dictum）だけを取出せば、

「象ノ鼻」ガ→長イ

「父ガ酔ッテ帰ル事」ガ→多カッタ

「アノ書キ出シヲ二文トシテ押エル事」ガ→デキル

他の格もまた

たしかに主格は重要であるが、他の格も主格同様に重視しなければならない場合が起る。

少数意見モ、無視シテハナラナイ。(Who?)

少数意見モ、無視サレテハナラナイ。(By whom?)

この二文は、どちらもこれ以上成分を補う必要のないものであるが、かりに前文で「ダレガ無視スル」のかを問題にするなら、後文でも「ダレニ無視サレル」のかを問題にしなければ片手落ちである。問題にする必要がなければ、両文同等に問題にしないことである。このような場合、主格「ガ」と方向格「ニ（by）」との論理的重要さ（または、重要でなさ）は全く同じ程度である。

位置格「ニ（in）」が主格とパラレルに重要な場合はもっと多い。次の奇数番目の「Xガ」が重要であれば（むろん重要である）、同程度に偶数番目の「Xニ」も重要なはずである。

バラノ木ハ《主格》、トゲヲ持ッテイル。
バラノ木ニハ《位置格》、トゲガアル。
私モ、ソウ思イマス。
私ニモ、ソウ思ワレマス。
AガBヲ必要トスルコト
AニBガ必要デアルコト

これらは、後述するように甲型乙型の肩ならべ（parallelism）である。

対格「ヲ」も、主格同様に重要な役割を受持つことがある。数学のいわゆる文章題の答案を、いきなり

毎時 x km トスル。

というふうに書始める生徒がいる。次のように補足させたい。

自動車ノ速サヲ毎時 x km トスル。

日本語としては、これ以上成分を付け足す必要はない。つまり主格不要である。同様に主格不要のセンテンスは数学の答案にはざらに出てくる。そしてこの場合の対格「自動車ノ速サヲ」の役割は、他種のセンテンスの主格にちょうど匹敵する。一般的操作を言表すセンテンスには、主格を言い添えない（言い添えてはならない）ことになっている。

我々ハ《主格》、少数意見モ《対格》無視シテハナラナイ。

とは言えるだろうが、他方「我々ハ」も「我々ガ」も決して言い添えない文例もまた多いのである。操作型(または料理型)とも言うべき文の題目の「ハ」は、「ヲ」になるか、または「ノ」を経て「ヲ」に出て行くかである。

机ハ、木デ作ル。（机ヲ……）

主語ハ、廃止シナケレバナラナイ。（主語ヲ……）

分数方程式ハ、マズ分母ヲ払エ。（分数方程式ノ分母ヲ……）

（タクアンをつけるとき）大根ハ、葉ヲ捨テマス。（大根ノ葉ヲ……）

アジハ三枚ニオロシ、腹ヤ背ノ小骨モ全部トリマス。（アジヲ……、アジノ腹ヤ背ノ小骨ヲ……）

理事ハ、任期ヲ二年トスル。（理事ノ任期ヲ……）

手近いところでは、新聞の家庭欄をあけて料理記事に眼を通されれば、このような主格欠如のセンテンスがわんさ並んでいることに気づかれよう。もう一例、
ハマグリヤアサリハ、砂ヲ十分ハカセタモノヲ使イマス。エビハ背ワタヲ抜キ、頭ノ先ヲ少シダケ切リトリマス。（bouillabaisse 料理）
もし「我々ハ」を言添えると、一般的操作ではなくなり、単に話手たちの特殊流儀を披露したことになる。だから、料理型の主格欠如は、わかってるから言わないという主格省略とは違うのである。
要するに、主格は重要ではあるが、それは量的であって、質的ではない。「ガ」は、「ヲ

「ニ」「カラ」などを越えて一段上にあるのではなく、自己を含めた「ガ」「ヲ」「ニ」「カラ」などの仲間のうちにあって最も幅がきくというにすぎない。

三、主語も補足語

オギナイコトバ

現場から次のような意見が出ている。（ことばの教育 五十九年三月）

わたしは　赤い花が　たいへんすきです。

この文の修飾語をみつけなさい。この文についての述語は、すぐにみつかりましたが、主語について、「花が」が主語だというものと「わたしは」が主語だというものが出てきました。主語・述語をはぶいた、あとのものが修飾語であると思いこんでいるものですから、主語で行き詰まってはあとがこまります。さて、主語はどちらだろうか。

日本の小学五年生はかわいそうなものである。主述以外を修飾語だと思いこまされたり、無理やりに「主語」を言い当てさせられたり、まず英米の小学生並である。結局「わたしは」が主語であることに全級一致させられるのである（「何ガドウスル」「何ガドンナダ」にそのまま該当しているのは「花ガ」だけなのに）が、次の傍線を、先生自身何と解釈されるだろうか？

ワタシガ五年二組ノ担任デス。

五年二組ハ、ワタシガ担任デス。

途中を少し飛ばすが、引用は次の板書へ続く。

(c)　わたしは　花が　すきです。

(d)　赤い　花が　すきです。

このように花がと赤いを加えればどちらもよくわかる文になりますね。さて先の話へもどって、ここで「わたしは　赤い花が　たいへん　すきです」の文では、主語は、どちらでしょうか。ほとんど全員が「私は」であると答えられました。それでは、(c)の文の花がは主語でなければ、修飾語でしょうか。今までの勉強では、主語・述語（ほね組み）のあとはかざりだとならってきましたが……。次に板書を

わたしは　赤い花が　たいへんすきです。

わたしは　　　花が　　　すきです。

このようにして、この二つをくらべると赤いとたいへんは、そのあとの言葉をよくわかるように、説

明しています。この二つのことばをはぶいても意味が通じます。しかし、花がをはぶいたら意味がはっきりしません。花がは述語の意味をはっきりさせるオギナイコトバです。――この時、はじめて、補語という言葉（オギナイコトバ）を説明したのですが、修飾語に入る前に、補語とか対象語について、学習をしておくほうが修飾の意味が子供たちによくわかるのではないかと考えました。

（田辺清子、大阪府泉北郡高石小学校）

ここで自然に、補語または補足語という着想が出ているが、これはなかなか大切な概念である。さし当り主格だけについて言っても、次の傍線の助詞に伴われている語句は、すべて補足語である。

補足語ニツイテ学習ヲシテオクホウガ、修飾ノ意味ガ子供タチニヨクワカルノデハナイカ。

補足語ニツイテ学習ヲシテオクホウガ、修飾ノ意味ヲヨクワカラセル。

修飾ノ意味ヲヨクワカラセルタメニハ、補足語ノ学習ヲシテオクホウガヨイ。

子供タチ（ニ）ハ、修飾ノ意味ガヨクワカッタ。

子供タチハ、修飾ノ意味ハヨクワカラナカッタラシイ。

「Xガ」はもちろん、「Xハ」も主格の補足語である。いや、「Xヲ「Xニ「Xカラ」など、すべて格というのは補足語の種類なのである。次の傍線五個は、すべて述語の意味をはっきりさせるオギナイコトバなのである。田辺先生の言われる通り、五個のうちどれ一つをはぶいても意味がはっきりしなくなる。

机ノ上ニ　本ガアリマス。

甲ハ、乙ニ丙ヲ紹介シタ。

橋本進吉の功罪

度々引用されるところであるが、橋本進吉「別記口語篇」には次の注目すべき見解がある。

> 修飾といふ意味を右のやうに解すれば、「鐘が鳴る」の「鐘が」も、「鳴る」では何が鳴るか漠然としてゐるのを委しく定めるもので、やはり修飾語ではないかといふ論が出るかも知れません。それは誠に道理であります。実をいへば、私も、主語と客語・補語や修飾語との間に、下の語に係る関係に於て根本的の相違があるとは考へないのであります。

私は、あいた口がふさがらない。主述関係という誤った観念の普及に恐らく最も貢献したらしい一人が、「実を言えば」主述関係というものを認めていなかったことになるからである。

根本的な相違がないものを、なぜ主語と連用修飾語とにセツ然と二分したのだろう？　少なくともそういう二分法に向って進んで行くことを許したのだろう？　権威者と目されていただけに、例の「何ガドウスルカ「何ガドンナ……」によって構文論にブレエキをかけた過失罪は決して小さくない。傍点のせっかくの認識も持ち腐れである。

後進の義務として、腐れかけを掘り起して使えば、いわゆる主語、客語、補語、修飾語はすべて連用修飾語である。主語と連用修飾語ではなく、主語も連用修飾語なのである。修飾語を広義に取ればそれでもよいが、私は、それらを補足語と狭義の修飾語とに二分する方が一そうよいと思う。名詞＋格助詞を補足語とし、形容詞の連用形や副詞を修飾語とするのである。

補足語は国際的

関根俊雄さんに知らせていただいたのだが、関口存男「新独乙語文法教程」三十二年には、「目的語の事をドイツ語界では補足語（Ergänzung）という習慣があるが、動詞中心の文法に於ては主語もまた補足語と見られるから、この用語は採用しない」とある。Ergänzung も

complement も、語義は「完成するもの」というようなところだろう。

フランス文法では、L. Tesnière が「構文論草案」において、「意外な結論であるが、主語もまた補足語にほかならない」と宣言している。我々日本人には意外でも何でもない、あたりまえの結論である。テスニエルによれば、フランス語でも（多分何語でも）

　甲ガ乙ニ丙ヲ紹介シタ。

の甲乙丙三者は補足語なのである。

　英文法ではどうか。「英文法研究」五十七年九月に、Ralph B. Long の意見が紹介してあるが、彼は、述語の修飾語（日本文法でいう連用修飾語）を次の三つに分けている。

　主語 (subject)　述語とともに用いられる修飾語で、述語の形態を決定しうるもの（例えば go は主語が he のとき goes となる。）

　補足語 (complement)　述語によっては必要とされる修飾語で、通常、目的語、補語と呼ばれるものがこれに相当する。

　付加語 (adjunct)　上の三つ（述語、主語、補足語）の中心的機能からは一歩外側にある述語修飾語。

ロングはやや保守的な文法家だそうであるが、その人が「主語も連用修飾語のうち」と言っているのである。complement は、英文法ではかなり狭い意味に使われているのを、それが語義に合うように適用範囲をひろげられている。さらにひろげて、主語を補足語の中に含めることも決して不自然ではない。

西洋文法の通説を上げたのではなく、現在ではまだ少数意見らしいものを取次いだにすぎないが、英仏独各文法界に主語も補足語であるという意見が存在することは、論理学の知見と調和することから言って、補足語の概念が一般文法上成立することを予想させる。

甲ガ乙ニ丙ヲ紹介シタ。

を論理上から見れば命題であり、甲乙丙の三者は terms（辞項、または項）である。それと平行に、文法上から見ればセンテンスであり、甲乙丙の三者は complement である、という対応になるだろう。

補足語の概念は、このように論理的国際的であるから、そのまま日本文法にも当てはまる。当てはまりすぎるくらいである。ただし、西洋文法との重大な相違を忘れてはならない。

日本文法では、「Xガ」と「Xヲ」「Xニ」などとの間に根本的な相違はないのであるが、わが「Xガ」と西洋の主語との間には根本的な相違があることを忘れてはならない。西洋の補足語は、述語の形態を決定しえるものとそうでないもの、つまり主語と主語以外の補足語とに二分される。わが補足語は、全く別の基準から次の二系列に分れる。

Xガ、Xヲ、Xニ、Xカラ……

Xハ、Xニハ、Xカラハ……

前者はただの補足語であり、後者は題目をなす補足語である。単純補足語、提示補足語というように呼び分けることにする。

四、アタマとカラダ

足もとに注意

主語は、これまでの腐れ縁で主述関係という観念を喚起するからいけない。かりに、申し合せて腐れ縁は切ったとしても、この一語を残しておくと、そこを橋頭保として英文法に侵入されるから、やっぱりいけない。というのは取越し苦労ではなく、げんに小学校や中学校の現場では、主述関係を高く掲げて文法教育をやっているのである。あるいは、やっているつもりなのである。善意は善意に違いないけれども。

特に小学校では、主語をアタマに、述部をカラダにたとえて教えることになっているらしい。嘆かわしい限りである。

そのような主述関係は、日本語の現実に合わない。たとえば、次に松本清張の推理小説の一パラグラフを掲げるから、その七文のアタマとカラダを指摘していただきたい。

次に犯行現場は、何処かということである。一 場所は室内説が圧倒的であった。二 鼻孔と口腔に綿を詰めていること、裸体にしていること、包装が行き届いていることなどが根拠であった。三 ばらばらにした死体は、全部を合せると十六貫以上はありそうだし、一人で運んだとは思われない。四 多分リヤカーのようなものを使ったのであろう。五 これだと部分品にした八個を一度に運搬することが出来る。六 もし、リヤカーならば、かなりな距離から運べるわけである。七

アタマの見つけにくいのもあるし、見つかっても、アタマのたとえにピッタリしないのもある。次のような文例は毎度頭痛の種であろう。

場所ハ室内説ガ圧倒的デアッタ。

会場ハ、××会館ガヨカロウ。

××会館ハ、一階モ二階モ満員ダッタ。

昔、中学校の職員室で、次の傍線の名詞はどれが主語かという議論が起った。

歴史は長き七百年
興亡すべて夢に似て、
英雄墓はこけ蒸しぬ。（文部省唱歌「鎌倉」）

甲論乙バクで、結論はウヤムヤになったが、日本語を、よその国のモノサシ（主述関係）で測ろうとする限り、しばしばウヤムヤ、ムヤモヤして、われひと共に劣等感を固める次第になるのは是非もない。

先入見（むろん、特に主述関係）を捨てて、日本語の現実をよく見なければならない。それには、新聞雑誌の文章もよい資料であるが、何よりもまず、各自ご自分の文章をよく見られることである。

指導書の文章

大久保―松延「文法教育」五十六年は、最近の文法教育に指導的な役割を演じている。この本は、主述関係を確認し、強調している。よく読まれているらしいだけに、悪影響が大きい。

同書一六ペエジ（松延さん担当）をそっくり次に掲げる。主述関係を主張しているちょうどそのペエジである。

そこで、原則として「文は、主語と述語から成る」という規定をしていいのです|一（それが言表されない場合が数多くあるとしても――そしていわゆる「一語文」と「一語表現」とを区別すべきなのです|二。詳しくは大久保「コトバの生理と文法論　186ペ」を見てください|三）。

上述のケーブルカーの書き出しは、こうして、二つの文としておさえることができるのです|四。文法教育ではまずこの「文としておさえる」ということが、とても大切なのです|五。

さて、この文はどんな組み立てになっているでしょうか|六。

ここで、「構文法」の問題が出てきます|七。

文には、その基本的なものとして、文の中心となるものと、それを肯定し否定する判断のコトバとが必要です|八。

「何が」と呼ばれるものが、その中心にあり、それについて「どうする・どんなだ・何だ」というのが判断のコトバなのです|九。

ふつう、前のを、「主語」と呼び、あとのを「述語」といっています。（十）この本では、それを、主格文素、述語文素と呼びます。（十一）しかし、あとでのべるような注意を頭においてくだされば、略して、「主素」「述素」または「主語」「述語」と呼んでもさしつかえありません。（十二）（術語については、あとでまとめて説明します（十三））。この二つが、いつも文の基本になります。（十四）この主と述とを主要文素とします。（十五）

第一文は、主語と述語からは成っていない文を使って文は主語と述語から成ることを宣言している。第十四文「この二つが、いつも……」と言い終るや否や、次の第十五文にはこの二つがそろっていない。十五文中、じつに七文が反則である。第四文も、同書一三五ぺの解釈に従えば原則を上まわった反則になり、反則が過半数に達する。

……そこで、原則として「人類は、右側を通行する」という規定をしていいのです（左側を通行する者が数多くあるとしても——そして先生自身、十五中七八、左側を通行することもあるけれども）というようなコトバの魔術で、教育が成功するはずはない。例外が数多くある原則とは、一たい何のことだろう。

第一、二、十、十一、十五文は料理型（操作型）のセンテンスであって、日本語では主格欠如を原則とする。

上述ノ書キ出シハ、二ツノ文トシテオサエルコトガデキルノデス。

「何ガ」と呼ばれるらしいものがその中心に（ただしだいぶ下った位置）にあるが、それが主語なんだろうか？

文法教育デハ‖（　）「文トシテオサエル」トイウコトガ|（　）大切デス。

文ニハ‖（　）二ツノ要素ガ|（　）必要デス。

二文とも、これで正常語順なのである。これらを「ガ」の下の空所で二分される（と考える）と、首根に当る個所がヒザガシラの辺に来てしまう。主述関係というモノサシを当てると、日本語はこのように奇型児になってしまう。アタマとカラダのたとえを使うのなら、「文法教育デハ‖「文ニハ‖」をアタマ、以下をカラダと見なければならない。

次の二文も、上に読点（コンマ）までのアタマがあり、以下の長い部分がカラダである。

私ドモハ、娘ヲ三人ト息子ヲ一人モッテイマス。

私ドモニハ、娘ガ三人ト息子ガ一人アリマス。

この二文がパラレルな構造を持っていることは、だれの眼にも明らかだと思われるが、主述に分析すると、一方だけがたいへんな奇型児になる。

カラダ	頭	?	?	頭	?	カラダ
私ドモニハ	娘ガ	三人	ト	息子ガ	一人	アリマス。

主述関係に対して腹を立てるためには、構造のセンスをほんの少し持合せていれば事足りるのである。

俗説世にはびこる

誤解を防ぐために繰返さなければならないが、私は主格を軽視せよと言っているのではない。むしろその反対である。

「ナグッタ」と書いて、「ダレガ「ダレヲ」がはっきりしていないようでは話にならない。「等シイ」という形容詞を、「甲ガ」と「乙ニ」との自覚なしに使うのも困る。補足語の訓練は大切であるが、中でも主格はほとんどすべての述語に必要である。

主格に限らず、日本語ではいろんな補足語が省略される。いわゆる主語省略を別扱いにする理由はない。大久保さんが「実践国語」五十八年一月に書かれた文章中の一センテンスに補足語を補って示すと、

（私ガ｜実国ニ｜ソレヲ）読者ヘスイセンシテモラエバイイ。

平均して、量的優位の主格を重視することは間違いではない。むしろ当然である。ただ、そのために「主《ガ》述が骨組みで、あと《ヲ以下》は飾り」というような英文法まがいを持出すな、と言っているのである。

しかし、ではなぜこの英文法まがいのインチキが現場で広く受入れられているのだろうか。

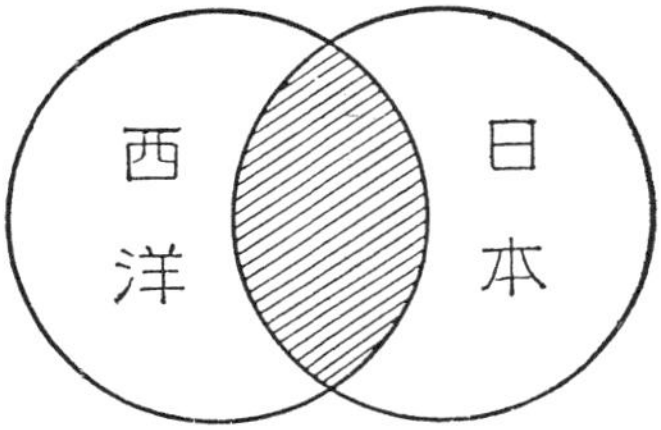

西洋の主述関係の主語は必ずしも題目ではないが、題目であることもある。我々の題述関係（Xハ、シカジカ）の題目は主格に限らないが、主格であるものが多い。題目である主語と、主格の題目とは結果において一致する。建前を異にする両円にも、図のような共通部分（斜線の部分）ができる。取分け、包摂判断の「甲ハ乙ダ」（A is B）がこの共通部分に含まれることが誘惑的である。

日本語も、簡単で初歩的な文には、主述関係でも説明のつくものが相当ある。アタマとカラダのたとえもだいたい当てはまる。ごく初歩の段階では、主述関係も有益らしく見えないでもない。それに、これまでの文法書がそういう安易な文例だけ並べて、少しでもメンドウそうなのは敬遠するという方針を堅持しつづけている。そうして、先生方の頭にも、英文法の授業で知らず知らず注入された主述関係崇拝のコンプレックスがわだかまっていることだろう。

不幸にも日本文法はたいへん未熟であって、教科文法として曲りなりにも役立つというところへもまだ遠い。という不利な状況で、文法教育の必要が高まってくれば……こうして、真理のちょうど正反対が広く受入れられ、広く支持されるという不幸な事態が起っている。

この不幸は二重である。なぜなら、間違った教育をするよりも何も教育しない方がまだましだからである。次は、「言語生活」五十七年十二月の座談会の発言。

日本語の文法は人によって違う面があって、外国語のように決った文法……もちろん説もあるだろうが、英語にしたってドイツ語にしたって決った文法、ことに小学校、中学校、もっと上級のところで一応教えられる文法があるわけです。日本語の文法は、わたしもよくわかりませんが、西洋の文法のことばを使っていろいろ日本語の文法を表わそうとしている面があると思うんです。大体、西洋語とは系統の違う日本語に西洋語と同じように、たとえば、これが副詞であるということばを使って当てはめようというのがもともと無理じゃないかという気がするんですよ。ですからわたしは日本で文法を確立することが一つ大事なことじゃないかと思うんですが、そういう意味で文法を教育の面で、現在の段階で、あんまり言い過ぎることはかえって混乱を起すのじゃないかという気がするんですよ。

（服部静夫、国語審議会委員）

学校文法概説

永野賢著「学校文法概説」二三ペ に次の文例が出ている。少し漢字を多くして、

僕ノオトウサンハ、時々、遠クヘ仕事ニ行キマス。ソウシテ、一週間モ二週間も帰ッテコナイコトガアリマス。

これの第二文について、著者の言われるのに、小学生でもこれを

主語――コトガ

述語――アリマス

と分析するだろうが、それでは、直観的にわかっている文意をかえってもつれさせてしまう。

だから、このような分析はやらせないようにとのことである。

永野さんの注意はもっともらしいが、ただせっかくの公式が使用禁止になるようでは、その公式の方がまちがっている――としか考えられないわけである。むろん、主述関係という公式がまちがっているのである。

「何ガ」で主語を定義しながら、ある種の「花ガ」は主語でなかったり、「コトガ」は主語であるのかないのか奥歯に物がはさまったりするというのは、簡単明リョウな矛盾である。しかし私は、この矛盾を一こう矛盾と感じなくなっている人が多いんじゃないかと心配している。二々ンガ四がわからなければ、それは長い間の西洋文法模倣で眼にウロコができているのである。

私は小学生の味方であって、さっきの分析通り、「コトガ」を肝心な主格と見るのである。略題を顕題に直して考える。

オトウサンハ、何日モ帰ッテコナイコトガアリマス。

これには「オトウサンガ」と「コトガ」と主格が二つあるが、主文の主格は、やはり「コトガ」である。「オトウサンガ」は文中の従属句の主格にすぎない。従属句をカギに入れて、中味だけを書けば、

「オトウサンガ何日モ帰ッテコナイ事」ソウイウ事ガ（チョイチョイ）アリマス。

むろん、全体としては「オトウサン」について、その不規則的習慣を述べているのである。つまり「オトウサン」は題目として全文を宰領する一方、主格としては連体句（文中の従属句）の補足語を勤めているのである。このような二重性こそ日本語の特性であって、この特性を理解するか否かが構文論成否の分れ目になる。

劣等感の養成

主述関係の害毒は、英文法の授業が平行して行われているという環境のために、いよいよ顕著になる。

英語の主述関係は整然としていてわかりやすい。日本語には、もし本気になれば師弟もろともモヤモヤしなければならないような文例がいくらでもある。彼我対照してどういうことになるか。日本文法の授業で主述関係をウンヌンすることは、劣等感を助長するだけのことである。当然ながら、生徒は日本文法に対して積極的な興味を持っていないと思われるが、漠然とした反応に形を与えてやれば、次の要約のようなものになるだろう。

一、作用（doing）が仕手（doer）から発することは、まちがいない。（物理的事実！）

二、いわゆる省略の場合を別にしても、主語を語形や語順からは簡単に見分けられないことがある。一おう見分けられても、すっきりしないことが少なくない。ついにはっきりせずじまいになることもある。

三、英語の主述関係は文面だけで決定し、はっきりすっきりしている。

そして、卒業後は中の二はますます雲散霧消して、前後の一と三とが記憶に残る。それで、たまに文法論議が始まると、だれもかれも頭の中でパタアンだけの和文英訳をやってみて、これが主語だとか、いや副詞だとかと意見を述べ立てる。よその国の言葉使いのキマリを後生大事にした結果、自国語文法（引いて自国語）の不振不信を招いているのである。

中学校以上での英文法の勢力を考えに入れると、単に主述関係を引っこめるだけでは不十分である。英文法と違って、日本文法には主述関係が存在しないという事実を、知識としてもたたきこむくらいにしないとだめだろう。そうするには、むろん英語の先生の協力も絶対必要になるが、ここは順序としてまず日本文法の関係者に訴えているのである。

主述関係をウンヌンしている文法教科書は検定を通らない——という時代が来なければ文法

研究も文法教育もものになるまい。ところが実際は、文部省の新しい指導要領にも主述関係が出てくる。長大息である。

五、主語廃止難

廃止を妨げるもの

広く慣用されている用語の改廃が大きい抵抗を引起すのは当然であって、主語廃止が早急に実現すると思ったのは、全く私の見込み違いであった。

しかし、それは拙論の説得力の過信による見込み違いではない。およそ本気で構文論と取組んでみたら、「主語」が邪魔で仕方がなくなるだろう。橋本進吉も、構文論に着手した途端に「主語述語不要」と感じた形跡がある。（国語学—第十三四輯）私の説明が不十分であろうが、まずかろうが、それにはあまりかかわりなく、主語廃止の声が simultaneously に起ってもよい時期である。と思い誤ったのだから、別の何かを過信していたわけである。

廃止論の勢力が伸びない事情として次の三つを数えることができる。

一、構文論の未熟が痛感されていないこと

二、便利らしい慣用の存在

三、新しい用語の不備

日本文法の構文論が成っていないことはだいたい周知なんだろうが、その知り方が問題である。それを身にしみて知っている人は少なく、どうやら薄々知っているという程度の人が多いようである。薄々では、「主語」も大して有益でもなければ、大して有害でもなかろう。文部省もだいたいこの程度だろう。ある大学の入試問題に出た「主格」を「主語」に戻すべきだと講評していたから。

二に、これまで「主語」を使って説明している文法現象がいくつかある。日本文法固有のものもあるし、西洋文法との比較に使うのもある。その説明はよく通用していて、別に不都合はなさそうである。とすれば、使いなれた用語を棄てる気になれないのは当然であろう。

三に、主語廃止後の用語の体系はどうなるか、そこに不安があって、廃止をためらう気持があるかも知れない。

以下、二と三とを検討する。

日本文法での慣用

まず、品詞分類で無活用語を名詞と副詞とに二分するのに、主語になるか否かを基準としている。たいていの文法書が二十年一日のごとく踏襲しているところを見ると、よほど便利なつもりなんだろう。しかし、この分類基準は低能である。正しくは、補足語になるか否かによって、名詞と副詞とに二分されるのである。

格助詞「ガ」「ヲ」「ニ」「ト」などが自由につくものが名詞なのである。主格（主語）に限ったことはない。もっとも「ニ」「デ」「ト」の三つは格助詞であるか否かの判定に疑義の起る場合があるから、テストに使うには不適当である。つまり「静カニ」「静カデ」「シッカリト」も格助詞と同形だから困る。結局「ガ」「ヲ」「ヘ」の三つが役立つことになる。それを一つに絞って、テストには主格「ガ」を使うことにしようというのならかまわないが、その辺ご承知の上かどうか怪しいものである。

また、よく主述のねじれということが言われる。たいへん便利らしいが、一たい文法上のねじれは、その「ねじれ」を訂正してみて、その結果によって初めて何がねじれていたかが判定されるはずである。それに、訂正の仕方は一通りには限らない。

原　文――三時間メニ、先生ガ理科室デ映画ヲ見セテイタダキマシタ。

訂正甲――三時間メニ、先生ニ理科室デ映画ヲ見セテイタダキマシタ。

訂正乙――三時間メニ、先生ガ理科室デ映画ヲ見セテクダサイマシタ。

原　文――御迷惑ヲオカケシマシタ事ヲ誠ニ申シ訳御座居マセン。

訂正甲――ゴ迷惑ヲオカケシマシタコトハ、マコトニ申シワケゴザイマセン。

訂正乙――ゴ迷惑ヲオカケシマシテ、マコトニ申シワケゴザイマセン。

原文の何がねじれていたのか？　訂正甲と比べるか、訂正乙と比べるかによって答が違ってくる。だから、初から主述のねじれときめてかからない方がよいのである。

永野さんは、次の文は主述の照応が狂っていると言われる。

昭和二十三年九月ノ或ル日、正木亮弁護士ハ山田義夫弁護士カラ、平沢貞通ノタメニ弁護ヲヒキウケテクレナイカトノ話ガアッタ。（松本清張「帝銀事件」）

そこで、たとえば「正木亮弁護士ニ」と直されるのであるが、そうすると、「トノ話ガ《主》アッタ《述》」は終始不変で健在だから、原文は主述以外の何か別なものが狂っていたことになる。ついでながら、「正木亮弁護士ハ」は、原文のこのままで位置格と解釈する余地がないでもない。

あらかじめ主述のねじれと限定することは、理論的でもないし、教育的でもないのである。いくぶん抽象的に首尾の不統一、呼応の狂い、筋のねじれなどと言う習慣にする方がよろしい。

今一つ、成分が不当に不足していないかどうかを表す言方を添えて示すが、初等教育では

コトの筋が通っている、通っていない、ねじれている

コトの筋がわかる、わからない、わかりにくい

などと言って指導したらよいと思う。要するに、主述という用語を持出さねば言い表わしに困るというような文法現象はあるはずがないのである。

西洋文法との比較

語順を比較すると、次のように相違する。

英語　　主語—動詞—目的語

日本語　　主語—目的語—動詞

よく言われていることだし、意味もよく通るから、これはこれでいいじゃないかと言われよう。しかし、内外両国語の比較に先方の専用語を使うのは不見識である。国際的な概念を使って次のように言い直すべきである。

日本語　　仕手—眼あて—動作

英語　　仕手—動作—眼あて　(actor-action-goal)

これは当るも当らぬもハッケの予言であるが、右のように公平な比較はアメリカ側から提案されるようになるだろう。

糸井寛一さんにすすめられて藤堂明保著「中国文法の研究」を披見したが、なるほど参考になることが書いてある。中国文法も西洋流の主述関係のためにずいぶんゆがめられていたそうで、建直しのために、藤堂さんは次の傍線をもあえて主語と呼ばれる。subject の語義にさかのぼっての逆襲とも言えるだろう。

家裏ニ—有ルレ人ガ　　(家ノ中ニ人ガイル)

今天—下ルレ雨ガ　　(今日ハ雨ガ降ッテイル)

日本文法の研究者にもこのような気概が欲しい。ついでながら、英語学者にも、日本語の「人ガ」や「雨ガ」は subject ではないと言う人が出てきた。

また、英語などの影響で日本人も主語を言い表わすことが多くなったと言われる。こう言われる現象には、いろんな場合が含まれていると思う。略題から顕題への傾向と言ったらよい場合もあろうし、代名詞（主格に限らず）使用の増加ということもあろう。一般に文の成分の省略がへったということもあるかも知れない。そういういろんな場合をはっきりさせるためにも、主語の増加というような大ざっぱな言い方はやめた方がよい。

ただし、次のような傾向を言い表わすためには、「主語型」の表現がふえつつあるというくらいは差支えなさそうである。むしろ、便利である。

彼女（ニ）ハ、英語ガ話セマス。（旧）

彼女ハ、英語ヲ話セマス。（新）

主語ハ、廃止シナケレバナラナイ。（旧）

主語ハ、廃止サレナケレバナラナイ。（新）

新しい用語の体系

主語（述語の対立概念）から主格（格仲間の一員）へと有効に移って行くためには、後者が後者らしく安定していなければならない。格として主格が孤立していると、主格の主の字からだけでも、主述関係へ逆戻りする恐れがある。いくつかの格がそれぞれ名前を持っていて、主格同様に使いやすくなっていなければならない。主格、対格、位置格などがすべてどしどし使われてこそ、主格も所を得るのである。

格の名前の私案を示す。ほんの試案である。俗名は初等教育に使うもの。

形	名前	英語		俗名
Xノ	連体格	genitive	（属格）	
X	裸か	nominative	（名格）	なまえ
	時の格	――		とき
Xガ	主格	subjective		して
Xヲ	対格	accusative		めあて

Xニ　位置格　locative　　　　ところ

Xニ　方向格　dative, ablative, ……　めあて

同形「Xニ」が二つの名前に分れるのはまずいようだが、これは分けておかないとどうも不便である。正常語順で、位置格は主格の上になり、方向格は主格の下に来る。「Xト「Xカラ」などは、ト格、カラ格などですませたい。なお「ヲ「ニ（方向格）「ト「ヘ「カラ」を一括して目的格とも言うことにしておく。

The man gave the boy / the money

オトナガ / 子供ニ / 銭ヲ　与エタ。

右の二重線一つが主語で、あとの一重線五つは似た資格の成分である。だから、日本文法では主語はいけないが、客語や目的語は差し支えないことになる。しかし、それらを残しておくと釣合いが取れなくて具合が悪い。客語は廃し、目的語を必ず目的格（こまかく言いたいとき

は対格）と言うことにする。

西洋文法と多少違って、日本語の格はもっぱら構文論的な概念である。「Xガ「Xヲ「Xニ」などはすべて補足語、つまり文の成分の名前である。主格とか対格とか言えば、主格補足語、対格補足語にきまっていること、デパアトと言えばデパアトメント・ストアにきまっているのと同様である。だから一々長く言う必要はない。主格に立つ語と言う必要もない。単に主格でいいのである。

私自身がこの本でしきりに使っている主格、対格、位置格はすべてそういう意味のものである。手軽で正確な用語だから、少し使いなれれば、主語がどうのこうの言っている連中が幼稚に見えてくること受け合いである。じつは、げんに「主格」は広く使われているのである。あの使い方を強化し、ついでに対格、位置格などをつけ加えればよいのである。実行容易である。

もっとも、下へ「語」の字をつけないと落ちつかないという習性の人があるかも知れない。そんなら、漸進的に次の順序を追って改称されたらよいと思う。メエトル法実施にも猶予期間が必要であった。

第一段階　いわゆる主語

第二段階　主語格（鶴田先生の用語）

最終段階　主格

万一、四七ペの留保の線で他日（遠い将来？）主語が復活するようなことがあっても、今回の改称が損害になる心配は絶対にない。

六、わが題述関係

語義通りの主述関係

次の定義は、むろん西洋文法の無反省な受け売りである。

単語が結合して、一つの完全な思想を表はすものを、文または文章と言ひ、文または文章には、必ず叙述の主題になる物事を示すもの、すなはち主語と、その主題に就いて叙述するもの、すなはち述語が要る。（吉岡郷甫、一九一二年）

ところが、虚心平気にこの題目説を読むことにすれば、これはこれでかなりよく日本語の構文を言い当てているのである。すなわち次の傍線が主語（叙述の主題）であり、無傍線が述語であるところの bipartition である。

日本ニハ、大学ガ多スギル。

甲ハ、酒ヲ飲ンダ。

歌ハ、乙ガ歌ッタ。

象ハ、鼻ガ長イ。

これら「X（ニ）ハ」こそ、語義通りの subject であり、実力や位置から見ても文のおんあるじと言っておかしくない。それを、惜しい（?）ことに、叙述の主題ではない「大学ガ」を主語に昇格させ、「日本ニハ」をその地位から引きずり下してしまった。後進国根性である。

右の「大学ガ「乙ガ「鼻ガ」の方を主語と呼ばされるのは業腹である——というくらいな気概があってもいいのじゃないか。

わが「X（ニ）ハ、シカジカ」こそは、語義通りの主述関係なのであるが、それをそう呼ぶことは非常な混乱を起すことになるから、由緒ゆゆしき古名は英文法に一任して、こっちは新たに題述関係を名乗らざるをえないのである。

西洋文法の題目説によると、題目は仕手（主語）に限ることになるが、それは無理である。

わが題述関係の題目はいろんな格でありえる。

甲ハ、酒ヲ飲ンダ。　　ガ（甲ガ）
象ハ、鼻ガ長イ。　　ノ（象ノ）
日本ハ、大学ガ多スギル。　　ニ（日本ニ）
歌ハ、乙ガ歌ッタ。　　ヲ（歌ヲ）

係助詞「ハ」は、たいていどれかの格を代行している。そうでない場合もあるけれども、格助詞を代行している方が普通である。右に注した「ガ「ノ「ニ「ヲ」を、文法的操作によって取出してみよう。

それぞれのセンテンスから連体句を作るのに、題目ニ重線の名詞で受ければ次のようになる。

酒ヲ飲ンダ甲
鼻ガ長イ象
大学ガ多スギル日本
乙ガ歌ッタ歌

次に、述部中の一重線名詞で受ければ、

甲ガ飲ンダ酒

象ノ長イ鼻

日本ニ多スギル大学

歌ヲ歌ッタ乙

見比べられればわかるように、四文に同様な文法的操作を施したのである。これによって「Xハ」の格が判明した。四文はそれぞれ次のような中味を表しているのである。

甲ガ酒ヲ飲ンダコト　（主格）

象ノ鼻ガ長クアルコト　（連体格）

日本ニ大学ガ多スギルコト　（位置格）

乙ガ歌ヲ歌ッタコト　（対格）

題目は主格である場合が優勢である（相対的優位）ために、「Xハ」をとかく「Xガ」と見なしすぎるが、そういう性急さを避けて、もっと余裕ある態度を取らなければならない。

逆に、中味から出発して題目を取出し引上げ（提示）てみれば、「Xハ」の幅広さが一そうよく理解されよう。

象《一》ノ鼻《二》ガ長クアルコト

この中の名詞の一を引上げるか、二を引上げるかによって、

一、象ハ、鼻ガ長イナア。

二、象ノ鼻ハ、長イナア。

もし象に次ぐ長鼻動物がいたら、「鼻」だけを引上げて次のように言うこともある。

三、鼻ハ、象ガ長いヨ。

また、次の中味の名詞を順々に引上げてみよう。番号は、引上げられるチャンスの多少の順である。四番目あたりになるとやや不自然であるが。

私《一》ガ彼女《四》ノ結婚《三》ノ仲人《二》ヲシタコト

一、私ハ、彼女ノ結婚ノ仲人ヲシタ。

二、彼女ノ結婚ノ仲人ハ、私ガシタ。

三、彼女ノ結婚ハ、私ガ仲人ヲシタ。

四、彼女ハ、私ガ結婚ノ仲人ヲシタ。

従来は一を主語、二、三、四を提示語（?）というふうに二分してごまかしていたのであるが、いわれのない差別待遇であった。無差別に、四つとも提示語である。

「Xハ」はただ一つの形式である。それを初めから二つに分けてしまうのは、初歩的な定石の踏み外しである。主格は先頭にあることが多いので、自然引上げのチャンスも多いし、引上げも眼立たないけれども、「甲ハ」も、「甲ガ」が※印の位置から引上げられていることは次表の示す通りである。

提示	甲ガ乙ニ丙ヲ紹介シタコト
甲ハ	※　乙ニ丙ヲ紹介シタ。
乙ニハ	甲ガ　※　丙ヲ紹介シタ。
丙ハ	甲ガ乙ニ　※　紹介シタ。

半世紀以上、「象ハ鼻ガ長イ」を主述関係がダブっているものと思い込んでしまって、あれこれ拙劣な答案を出し競ったものである。「象ハ」を「象ノ」と解釈することによって、主述関係がダブるなどという不面目を解消するとともに、次の諸例をも統一的に解決することになる。

X氏ハ、奥サンガ入院中デス。（X氏ノ奥サン）

大根ハ、葉ヲ捨テマス。（大根ノ葉）

理事長ハ、再選ヲ妨ゲナイ。（理事長ノ再選）

五年二組ハ、私ガ担任デス。（私ガ五年二組ノ担任デアルコト）

坊ヤハ、玉子焼ガ大好物デス。（玉子焼ガ坊ヤノ大好物）

京は三条の大尽殿に……（京の三条）

もっとも主格が重なることも往々起るが、それは急迫強調を表すような場合であって、常態ではないと考えられる。

ナニッ、象ガ｜鼻ガ｜長イッ？

ア、神田ガ｜、オ茶ノ水ガ｜、×××ノ近所ガ｜火事ダ！

「Xニハ」と「Xハ」

奥田靖雄著「正しい日本文の書き方」四五ペに、主語がふたつある文章（センテンス）について、次のような説明がある。（傍線点原文）

これらの文章は、ふたつの主語をもっていますが、これをまちがいというわけにはいきません。いまの日本語に、こういういいかたがあることを、みとめないわけにはいかないのです。

しかし、このようないいかたは、名詞の格をあいまいにすることがあって、不自然なところがありますから、やがてくずれていくのではないでしょうか。

たとえば、「わたしは　これが　できる」は、「わたしには　これが　できる」か、「わたしは　これを　できる」かに、「おかあさんは　しごとが　おおい」は、「おかあさんには　しごとが　おおい」、「みずが　のみたい」は、「みずを　のみたい」というように。もちろん、いますぐそうなおせということはできませんが、「――は――が……」というカタチを「――には（では）――が……」になおした方がよくわかることがあります。つぎの例なども、そのたぐいでしょう。

彼のうすい唇は紫にかわり、きれ長な目は霞がかかって……（目は→目には）

「象は　はなが　ながい」型の文章が、ツキソイ文や名詞ナミ文になると、「象が　はなが　ながいのは」というようなカタチになります。このばあいも、「象が」を「象に」にした方がよいことがあります。

吉田総裁がまだ三木氏の気心がよくわからないため……（吉田総裁が→吉田総裁に）

奥田さんは語感のたしかな文法家なので（それだけに、主語と主述関係を捨てられたら、一そうの進歩を見せられるであろうと惜しまれるが）、非常によい見解を示される。主格が重なることは、名詞の格をアイマイにすることがあるから論理上望ましくなく、また語感からも不自然でおもしろくない、という見解には賛成である。しかし、

キレ長ナ目ハカスミガカカッテ……

日本ハ、大学ガ多スギル。

のような型がやがてくずれて行くとは思えない。むしろふえつつあるように思う。

融通をきかして、これらを主格の重なりと見なさなければよいのである。

人ヲモ身ヲモ恨マナイ。

酒モタバコモノマナイ。

「Xヲモ」も「Xモ」も対格である。と同様に「Xニハ」も「Xハ」も位置格でありえることにすればすむのである。奥田さん自身の文章中の

コノ場合モ、「象ガ」ヲ「象ニ」ニシタ方ガヨイコトガアリマス。

の「モ」も、このままで「ニモ」の意味になってくれる方が好都合だろう。

時には、「Xハ」をデ格と見る場合さえあってもよかろう。「吉田総裁ガ……気心ガ……」はのっぴきならぬから、訂正するよりほかないが、「Xハ」は解釈の方を訂正する方が簡単である。「Xハ「Xモ」が「Xニ」を代行することもある、という見方を許すだけで、いかに多くの文例がうまく解決することか。「象ガ」の方は「象ノ鼻ガ長イノハ……」とするのが適当であるけれど。

「象ガ」ハ、「象ノ……」ト直スノガ適当デアル。

この場合の二重線の助詞は対格を代行している。

「……ヲ……ト直ス」ノガ適当デアルコト

位置格の提示に「Xニハ」を使うか「Xハ」を使うかの文法的、修辞的区別については、今後の観察と内省が必要である。原田康子「挽歌」には次のような型が出てくる。

私ハ、ソンナ仕事ガ愉シカッタ。

ソンナ仕事ガ私ニハ愉シカッタ。

「ガ」の上では「ハ」、下では「ニハ」なのである。「挽歌」では必ずそうなっている。もっとも両方とも三、四例ずつにすぎないから、何らかの断定を下すには数不足であるけれども。

「ハ」が代行しえる「ニ」は位置格の方であって、方向格の代行は無理である。今一つ、資格(attribute)を表す「ニ」がある。これは準用詞の「ニ」(時枝先生の助動詞)であり、「トシテ」の意味である。

会場(ニ)ハ、××会館ガヨカロウ。

××会館ガ会場トシテ好適デアルコト

構文の二重性

遠藤—松井「文型による文法学力調査」も、「人間にたとえると、〈主語〉は〈アタマ〉、〈述語〉は〈カラダとアシ〉にたとえることができるでしょう」と言っていて、私にはどうしても賛成しかねる指導書である。

本文の初めに次のような文章が出ている。

文型には、〈文の構造〉に関するものと、〈表現意図〉に関するものと、〈ことばの使い方〉に関するものとがあるといわれる。ところが、表現意図は、文を通してのみ言い表わしたり、とらえたりすることができる。ことばの使い方も、文の中のことばとしてのみ、はじめて具体的にとらえることができる。

自己の所説の正否を検討するには、まず自作の文章をそれで説明してみることである。松井さんご自身、右の三文のどれが頭でどれが胴足だと判断されるのだろうか。

第一文は、もしアタマとカラダやアシのたとえを使うなら、次のようにするほかはない。

文型ニハ《アタマ》、甲型ト乙型トガアルト《カラダ》イワレル《アシ》。

もし「アル」を述語とすれば、「甲型ト乙型ト」が主語となり、「イワレル」を述語とすれば、主語はなくなる。主述関係を言う人はその辺をアイマイにし勝ちだが、いずれにしても、冒頭で全文を宰領している「文型ニハ」は飾りにすぎなくなる。という結論を引出すようでは、構造のセンスは落第である。

表現意図ハ、コウシテ捕エルコトガデキル。

これは、もちろん題目「表現意図」について、その性質（広義）を述べているのである。すなわち、

題目——表現意図ハ、

述部——コウシテ捕エルコトガデキル。

という bipartition である。ところが、この文の中味は次のように unipartite である。

「表現意図ヲコウシテ捕エル事」ソウイウ事ガ（我々ニ）デキルコト

右の原文は一般論の操作型であるから、位置格「我々ニ」を言表さないのが原則であるけれども、中味にはそれを括弧で補っておいた。

このような場合に「表現意図ハ」は「表現意図ヲ」（対格）を代行していると言うが、代行は従の兼務であり、主の本務は、題目として全文を宰領することである。動力学的な呼応の本務と、静力学的に中味（dictum）を形作る兼務との共存を構文の二重性と呼んでおくが、この二重性を理解することが日本文法への開眼であり、開眼を妨げるものは主述関係である。

通知ガ遅レタカモ知レナイジャアリマセンカ？

通知ヲ忘レタカモ知レナイジャアリマセンカ?

補足語「通知ガ」の係り方は、「通知ガ知レナイ」でもなく、「通知ガアリマセンカ?」でもない。傍線のように用言の一ばん初めの語幹に係るにすぎない。補足語「通知ヲ」の係り方も同様である。述語の述語たる所は、末尾の「センカ?」あたりであって、途中の「遅(忘)レタ」や「知レナイ」は不定法と見なされる。文末部は、

……デアルラシイト言ッテモサシツカエナカロウト思ワレル。

のように牛のヨダレみたいなのから、「カラデス 「ニ違イナイ 「ソウダ 「カドウカワカラナイ」などいろいろあるが、これらは補足語とは無関係である。イントネエションもむろん補足語の係りの外まわりにある。ただの suru や aru に終るような簡素な文末でも、末尾の u は補足語でなく、話手に専属する。語幹までの関係「通知ガ遅レ」を主述関係と呼ぶことが不当であるのは、「通知ヲ忘レ」を客述関係と呼ぶのと同程度に不当である。前に、主述関係、客述関係、副述関係などと言えば公平だと書いたが、あれは公平に正しいのではなく、公平にまちがうことであった。

通知ハ、遅レタカモ知レナイジャアリマセンカ?

通知ハ、忘レタカモ知レナイジャアリマセンカ？

題目「通知ハ」は「遅（忘）レタ」を通り抜け、「知レナイ」を迂回して文末まで係る。係助詞「ハ」は終止を要求して、文末に達するのである。格助詞「ガ「ヲ「ニ」などは小さくキチョウメンに係り、係助詞「ハ」は大きく大まかに係ると言えよう。

「ハ」は下の陳述に勢力を及ぼす、ということを、宮地敦子さんは次のように観察しておられる。

……いはゆる重文的な表現の場合でも、「……ハ」と言ひ出せば、その力は文末まで完全に保たれて、その間にどんなに長い言葉があらうとも、少しも影響されない。それに対して、「……ガ」と言ひ出した場合には、その勢力の大部分は「ガ」の次に来る述語に受けとめられてしまひ、文末に至る頃には、「ガ」の力が全く消えてしまふか、或は僅かにその名残りをとどめる程度である。このやうに「ガ」は下に及ぼす力の範囲が短いために、……　（「誤用」国語国文　五十六年一月）

「ヲ「ニ「カラ」などが下に及ぼす力の範囲が短いことはもちろんである。「ハ」の係り方が大きいことを示す特別な文例、

アノ人ニハ、私モ会ッタガ、タイヘン元気ダッタ。

この文の本筋は、

アノ人（　）ハ、タイヘン元気ダッタ。

である。途中に断りの一句がはさまれたために、近い方の動詞「会ウ」に必要な格助詞「ニ」があらわれたが、それは「会ウ」に受けとめられて消耗し、残りの「ハ」は文末まで係って「ガ」を代行している。という解釈も可能である。ことほどさように「ハ」の力には余裕がある。と考えるべきである。

日本文法界という所は、「ハ」を係助詞、「ガ」を格助詞と、せっかくちゃんと分類しながら、強力な「ハ」と微力な「ガ」との雲泥をいきなり一しょくたにし、同じ構文論的役割「主語」を振り当てている。そんなことでは、構文論のできっこないこと太鼓判である。どうして、簡単な定石を踏み外しながら平気でいられるんだろう?

「Xハ」は大まかに係るが、結果からどの格を代行しているかを調べてみると、次のようにさまざまである。度数の大きい方から小さい方への順に、

一、Xガ（主格）

二、Xノ（連体格）——Xノxガ、Xノxヲ、Xノxカラ、……Xノxノ、……Xノxダ

三、Xニ（位置格）
四、Xヲ（対格）
五、X（時の格）
六、その他

この順位は統計の結果ではなく、私の当て推量である。その他というのは、格助詞の代行とは見られない場合である。

コレハ寝スギタ。シクジッタ。

コレハ、道ヲマチガエタカナ？

題述と主述とは相容れない

三尾砂さんはすぐれた文法家であり、題述関係を正当に重視される点でも先駆的であった。玉にキズは、「主語」を温存されることである。「国語講座」第五巻に次のように書いておられる。

日本人の思考の型および文の型は、西洋人の「主語―述語」型をも含んではいるが、それだけには捕われない、別の型を持っているということが言える。したがって、「主語―述語」型にむりに当てはめた時には、省略らしくなるが、日本流の本来の型に当てはめて見ると、省略でも何でもない、あたりまえのことになる。

だいたい卓説であるが、しかし私は、題述関係の日本語には、西洋人の「主語―述語」型を含む余地はないと考える。三尾さん自身の文例を吟味してみよう。

机ノ上ニ｜本ガ｜アル。　（私の乙型）

鳥ガ｜飛ンデイル。　（私の甲型）

位置格が主格の頭を押えている乙型が「主語―述語」型でないことは一見明らかであろう。甲型の方は、なるほど「主語―述語」型に似ているが、これは補足語が「鳥ガ」の一個しかないためにこのような結果になったまでであって、西洋人のように毎々主格だけを引立てるというのとは、たてまえが違う。たとえで言うと、向うは独裁制、こっちは合議制であるが、合議制でも、たまたま議長一人しかいない時には、独裁制と同じひとり舞台になる。

A bird *is* flying.　　*Is* a bird flying?

Birds *are* flying.　　*Are* birds flying?

英文法の主語は、述語の形を決め、また語順を述語と交換して疑問文を作る。日本語の主格にはそのような構文的器量はない。つまり、日本文には bipartite な「主語—述語」型なんか存在しないのである。

三尾さんの初期の基本文型は次のようになっている。永野さんからの孫引きだが。

甲、主題のある文

A、「は」の文

B、「も」の文

C、「なら」の文

乙、主題のない文

D、「が」の文

E、主題も主語もない文

「は」の文と「が」の文とを対立させるのは理論的でない。主題のある文、ない文をそのままに、「は」のある文と「は」のない文とを対立させなければならない。これが有題と無題との対立である。「が」の文というようなものは種類として無用である。Eの文例は、さすがに貴重な一例を掲げておられる。

　ソンナコトヲ言ウ芳子サンデハナイ。

これは、陰題の一種のように思われる。

折々、三上は「Xガ」を主格、「Xハ」を主題（題目）と呼んで区別している、と言われることがある。これでは誤解を招きやすい。両者は次元が違うのである。すでに何回か言ったことであるが、大切な点だから、もう一度繰返しておく。

　「Xハ」は題目であるが、「Xガ」はそうでない。

　補足語としては、どちらも主格であ（りえ）る。

有題と無題

有題（顕題、陰題、略題）と無題とを例を使って説明しよう。主述関係の英文ではこういう区別はあまりはっきりしていない。

　Henry has arrived.

においては、主語 Henry が題目でもある場合が比較的多かろうが、いつもそうとは限らず、要するにこの文面だけからは何とも言えないことになる。日本語では助詞などの使い分けで、区別を文面に表す。

問　偏理ハ、ドウシタ？
——到着シマシタ。（略題）
——偏理ハ、到着シマシタ。（顕題）
問　ダレガ到着シタ（ンダ）？
——偏理ガ到着シタンデス。（陰題）
問　何カにゅうすハナイカ？
——偏理ガ到着シマシタ。（無題）

陰題の文は、語順をさかさにして顕題の文に直すことができる。

到着シタノハ、偏理デス。（顕題）

陰（implicit）の「ハ」が顕（explicit）に変っている。無題の文はこうできない。無理に語順を引っくり返したら変なものになる。

右の文例中、略題の文を除いた六文を（というのは、本書初版では六文だったから）川本茂雄さんが仏訳してくださった。参考までに掲げておく。

——Qu'est-ce que devient Henri?

——Henri est arrivé. (Henri, il est arrivé. もしくは Il est arrivé, Henri.)

——Qui est arrivé?

——Henri est arrivé. (C'est Henri qui est arrivé.)

——Y a-t-il quelque chose de nouveau?

——Henri est arrivé.　　　　（フランス語研究十七号）

有題「偏理ハ」も無題「偏理ガ」も主格である。だから有題無題の区別は主格に関してだけ起るもの、と思ってはいけない。たしかに、主格に関して最もヒンパンに、かつ顕著に起るのではあるが、他の格にも平行した現象が起らないことはないのである。

時の格の例、

明日ハ、会議ガアリマス。　　（顕題）

明日、会議ガアリマス。　　（無題）

明日（例ノ）会議ガアルンデス。　　（陰題）

位置格の例、

倉敷ニハ、美術館ガアル。　　　　（顕題）

倉敷ニ（有名ナ）美術館ガアル。　　（無題）

倉敷ニ（ソノ）美術館ガアルンダ。　（陰題）

無題と陰題との境は不明リョウであるが、主格に次いで陰題がはっきり成立つのは位置格である。書名「親ニ問題ガアル」（刀江書院発行）には陰題の気分がある。次の二文もたいへんよく似た陰題であって、ほとんど同じ文脈に使われる。

コレガ我々ノ信条デアル。

ココニ我々ノ信条ガアル。

普通教育においては、少数例を持出すことは時にひかえなければなるまいが、文法研究上は、少数例がかえって貴重なことがある。ヒンパンで顕著な主格の題目にだけ気を取られて、他を見落すようではいけない。

ここに、主語廃止に反対な人にでも（と言えば、つまりだれにでも）すすめられる心がけがある。それは、主格「ガ」について成り立つある現象が見つかったら、類似の現象が他の格

「ヲ」「ニ」などについても成り立ちはしないか、その点を必ず検討してみること。一般的な予想を述べておけば、主格について成立する文法現象は、たいてい他のどれかの格についてやはり成立するだろう。程度こそ落ちても。

甲ト乙（ト）ガ来タ。——→乙ガ甲ト来タ。

という変換は、ほとんど主格だけについて成立するのであるが、まれに対格についても成立する。

青ト赤（ト）ヲ混ゼル——→赤ヲ青ト混ゼル

ネギトマグロ（ト）ヲ煮ル——→マグロヲネギト煮ル

第三章　基本概念

構文上の具体的な個々の法則はほとんど発見されていない。そのために、私のように実用的な文法を考えている者の眼には、日本文法はまるでなっていないということになるのであるが、抽象的な基本概念なら、西洋から輸入したものや先学の創始されたものがそろっている。それらの概念を使って、具体的な構文論を進めて行くことが我々の任務である。基本概念は対立の形を取る。

述体と喚体　（山田）
有題と無題　（松下）
物語り文と品定め文　（佐久間）
コト（事、事柄）とサマ（様、様式）
述定（nexus）と装定（junction）

取分け、コトとサマとの一対は最も基本的であり、最も重要である。

一、文の種類

述体と喚体

センテンスを性質上から分類する場合に、まず二大別するのはほとんど定説だろう。

山田　述体の句と喚体の句

松下　思惟性断句と直観性断句

時枝　述語格の文と独立格の文

用語はみんな違うが、内容は似たり寄ったりの対立を表している。

喚体の句（センテンス）というのは、次のようなものである。

アア山中ノ青葉ノウツクシサ。

幹ノ中程ニ一流レナガレタ海ノ美シサ。

一様ナ節ノ間々ニ「何トカ何トカヤアイ」ト一斉ニハヤス時ノ面白サ。

三例とも「サ」に終っているが、名詞止め（むろん、後略によるのでないもの）の文、名詞止めの気分を持つ文はすべて喚体である。

何ヲ、生意気ナ—（　）ッ！

エイッ、腹ノ—立ツ（　）！

などには、名詞止めのその名詞がゼロ化している気分がある。喚体は、もっと範囲をひろげて感嘆文をみんな取入れたい。

述体の方の句例は割愛するが、西洋から輸入の四種類は次のような配置になる。

述体——平叙文、疑問文、命令文

喚体——感嘆文

有題と無題

これは、すでに前章の題述関係でしきりに使った対立概念であるが、創始者は松下大三郎である。松下は、断句（センテンス）を次のように分類した。

思惟性断句	有題的	浅間山は活火山なり。
	無題的	月出でたり。
直観性断句	非概念的	ああ。
	概念的	君よ。

まことに卓見であって、「浅間山ハ」も「月（ガ）」もともに主語、したがってともに題目と感違いする者の多かった時代に、「月ガ」の方は題目に非ずと道破したわけである。

昔アル所ニオジイサントオバアサンガ｜アリマシタ。オジイサンハ‖……

初出で無題の「Xガ」が、次文で再出すれば有題の「Xハ」に昇格する。という場合が非常に多い。それを、後から一まとめにして振りかえると、つい初出の「Xガ」まで題目のような気がしてくる。題目候補者「Xガ」を題目と感違いするわけである。感違いする者が多かったのは、そういうわけだろうと思う。それに、西洋文法の主語即題目が先入見になっていたろうし。

松下の卓見も、しかしなかなか普及発展しなかった。わずかに佐久間先生の提題の助詞、三尾さんの「国語法文章論」などが発展の方向を示している。私もこの流派に属している。三尾さんの文の分類は、

一、場の文……………現象文　　雨ガ降ッテイル。
二、場をふくむ文……………判断文

イ、課題の場の文

ソレハ梅ダ。

社長サンハドナタ？

ロ、転位の文

私ガ社長デス。

三、場を指向する文…………未展開文

ア！　雨ダ！

四、場と相補う文…………分節文

考エテイルノダ。

現象文と判断文との区別に相当するものを、西洋文法では単純判断の文と二重判断の文というように判断の種類の違いとするが、私には、三尾さんのように狭く使う方の「判断」がピッタリする。ともかく無題有題で簡明に区別できることだから、単純判断とか二重判断とかを日本文法へ輸入する必要はない。これは予防である。日本文法へ、文法的主語だの心理的主語だのの無用煩雑な概念を輸入した先学もあるから、の予防である。

有題無題の構文論は大いに普及発展させなければならない。「国語法文章論」は評判の高い本ではあるが、やはり原理論に止どまっていて、具体的な法則を列挙するところまでは行っていない。

たとえば、「私ガ社長デス」を転位し戻すと「社長ハ私デス」になるが、「雨ガ降ッテイル」

を「降ッテイルノハ雨ダ」と直すことは少し無理である。つまり見かけ上の無題文は、転位可能なのと転位困難なのとに分れるが、それはどういう条件でそう分れるのか、その条件を発見したときに、ほんとうの構文論ができるのである。

物語り文と品定め文

ビュウラアーサクマによれば、言語の機能は、表出、訴え、演述の三つである。その演述を受持つのが平叙文（いいたて文）であり、次のように分類される。

一、動作表現　ものがたり文　（動詞を使う）

二、状況表現　しなさだめ文

　イ、性状表現　性状規定　（性状語などを使う）

　ロ、判断表現　措　　定　（措定語を使う）

この対立は西洋文法でも言われているものである。だいたい次のような対応になろうが、もちろん多少の出入りがある。

ヴァンドリエス　　佐久間　　三尾

動詞文 (phrase verbale)	物語り文	現象文
名詞文 (phrase nominale)	品定め文	判断文

ヴァンドリエスの名前は、日本語には都合が悪い。形容詞を述語とする性状表現の文を名詞文と呼ぶことになるからである。西洋では形容詞は名詞の一種であったが、日本の形容詞は動詞の親類（ともに用言）だから具合が悪い。

品定め文は原則として有題であり、物語り文は有題無題半々である。三尾さんの現象文、判断文はそこに関連を持つから右の対応表にも書き加えてみたが、じつは別個の分類である。

結局、物語り文と品定め文という名前だけが残ることになる。ただ佐久間先生はこれを平叙文の下位区分とされたが、平叙文で最も明らかにあらわれはするものの、他種の文にも及ぼし

ものがたり	しなさだめ
平叙文	
疑問文	
命令文	感嘆文

ていい区分ではあるまいか。少なくとも疑問文には、平叙文同様に（つまり対応して）ものがたり、しなさだめ（性状規定、措定）の区分が起るはずである。

物語り文（process を表す）と品定め文（quality を表す）との対立は、構文上も重要であるが、論理上一そう重要である。前者は関係（relation）を表し、後者はやはり性質（quality）を表すものとして、対立するからである。近代論理学でも命題をこの二種類に分けるようである。（クセジュ「記号論理学」五一、五二ぺ参照）本書では、そういう論理学へ言及する用意がまだできていない。

二、コトとムウド

舶来の詞と辞

時枝先生の有名な詞（客体的表現）と辞（主体的表現）も非常に重要な対立概念である。しばしば論議されたことは、その重要さを語っているが、論議されるのは、ひっかかるものがあるからだろう。私も、その重要さを認める者ではあるが、それが品詞分類に使われることに賛成できない。「国語に於いては、客体的表現と主体的表現とは一般に分離して別の語を以て表現され」(「日本文法口語篇」二五七ぺ)るというのが先生の早合点であって、事実に合わないから。「行ケ」や「行コウ」はそれぞれ一語で詞＋辞という組成になっていることを、時枝先生以外のすべての人が認めるだろう。

品詞分類に使わない以上、詞と辞は見捨てざるをえない。その代りに Ch. Bally の dictum と modus を採用する。せっかくの国産品を舶来品に見代えることになるが、混線の予防上やむをえない。

それはどういう概念か。舶来者の説明を拝借しよう。

バイイは文を論理的に定義して、それは判断の伝達であり、伝達とは陰在的表象を確言をもって現示する作用であると称してゐるが、ここにいふ表象とは広い意味のものであって、ふつうに、むしろ判断内容と称せられるものを指すのである、さてかくのごとく現示(actuliser)された表象を彼は彼独得の用語をもって dictum(私は「理」と訳す)と名づけ、これを現示すべき確言を modus(私は「論」と訳す)と名づけてゐるが、この二つのものはすべての判断においてその存在を否定できぬものである。たとひあらはな表示をえてゐないとしても、それの暗に存在することはアプリオリにも、また実例に徴しても――例へば念をおすことによって一そう外顕的な表示を含む答が得られる――認めざるをえない事実である。

（小林英夫「文体論の美学的基礎づけ」七五ぺ）

大切な対立概念だから、今一つ説明を付加えておこう。川本茂雄「（フランス）文の構造」の初めの方に出ているものである。

こうして言表（énonciation）の根底には、言主の意志・感情・判断という〈言表態度〉（modus）と〈言表事態〉（dictum）と称すべき二つの部分を含むことになる。発言の根底形式を表示すれば、次のごとくなる。この表において――は言表事態を、～～は言表態度を示す。

一、～が～である（する）ことを私は欲する

二、～が～である（する）ことを私は感嘆する

三、～が～である（する）ことを私は断定する

(三)′ ～が～である（する）ことをあなたは断定するか？

この四例は、もちろん命令文、感嘆文、平叙文、疑問文に該当するものだろう。dictum はセンテンスのいわば中味であって、すべて「……デアルコト」または「………スルコト」と表されている。それをそのまま「コト」と呼ぶことにしよう。お気づきの通り、すでに前章でやたらしきりと使っているのであるが、小林さんの訳語コトワリ（理）のコト、川本さんの言表

事態の事を採用したことにもなっている。

コトの五類型

日本文法の基本三文型は、絞りすぎていて乱暴である。

一、何ガドウスルカ？

二、何ガドンナデアルカ？

三、何ガ何デアルカ？

疑問（代）名詞は一つではない。

偏理ガ来マシタ。　（ダレガ来タ？）

辞書ガ要リマス。　（ナニガ要ル？）

腹ガ痛インデス。　（ドコガ痛イ？）

これらの疑問詞は決して混用されることがないのに、それらを一括して「何ガ」で代表させるのは代表させすぎである。

私ハ学生デス。　（何ガ学生デアルカ）

のような対応に抵抗を感じないというのでは、言葉使いのキマリは見つけにくいだろう。

バラノ木ニハ、トゲガアル。　（一の型？）

ソンナ虫ノイイ話ハナイヨ。　（二の型？）

これらを、「トゲガドウスルカ」とか「虫ノイイ話ガドンナデアルカ」とか言ってみることも、ずいぶん語感を無視した話である。

川本さんの「コト」は、

〜ガ〜デアルコト（名詞文の型）

〜ガ〜スルコト　（動詞文の型）

となっていて、主述関係を含意している。西洋文法としては当然のことであるが、日本文法へ輸入するときには、その点少し補正が要る。しかし、抽象的（？）な「〜ガ」は「何ガ」よりもずっとすぐれている。

文型のつもりなら、

バラノ木ニ（ハ）トゲガア

ル。

の入れ子の外のサマ（modus）が問題である。「ル」や、それに代置できる「ルカ？」「ルモンカ！」「ルトハ！」「ルラシイッテ」「ルカモ知レナイヨ」などの違いを合せ考えなければならない。今問題にしているのは、じつはそういう文型ではなく、入れ子の中の型なのである。

そこで、私の改革は次の三個条になる。

一、疑問詞を記号（アルファベット）に変えたこと

二、疑問「文」を連体「句」に改めたこと

三、乙型を増設して、三型を五型にふやしたこと

主として物語り文に使われる型

一の｛甲型　Aガドウコウスルコト
　　　乙型　AニBガドウコウスル**コト**｝

主として品定め文に使われる型

二の｛甲型　AガドウコウデアルコＴ
　　　乙型　AニBガドウコウデア**ルコト**｝

三の（甲）型　AガBデアルコト

優勢な甲型（major type）のコトは省略し、新たに設けた乙型（minor type）のコトを並べてみる。

バラノ木ニ|トゲガ|アルコト　（存在、所有）
日本ニ|大学ガ|多スギルコト　（存在）
彼女ニ|英語ガ|話セルコト　（可能）
彼女ニ|子供ガ|デキタコト　（所得）
彼ニ|自動車ノ運転ガ|デキルコト　（可能）
私ニ|妻子ガ|ナイコト　（所有）
ミンナニ|爆音ガ|聞コエタコト　（所動的知覚）
老父ニ|息子ノ将来ガ|思イヤラレルコト　（所動的思想）
事業ニ|資金ガ|必要デアルコト　（必要）
特権階級ニ|勤務評定強行ガ|望マシクアルコト　（希望）
我々ニ|勤務評定ガ|望マシクナイコト　（希望）
彼女ニ|彼ガ|恋シクアルコト　（対象に付随する感情）

乙型は初めから劣勢であった上に、近ごろ動揺がはげしく、甲型へ移行するもの（英語ガ話セル→英語ヲ話セル、ガ欲シイ→ヲ欲シイ）もあって、いよいよ劣勢であるが、それでもなかなか軽視できない。なにしろ乙型は動詞「アル」と形容詞「ナイ」の両花形を擁している。劣勢な乙型でこそ主格は第二の位置を占める（位置格「ニ」の下風に立つ）が、優勢な甲型においては首位を占める。

応神紀八十五年、百済カラ王仁ガ来タ。

大同元年、空海ガ唐カラ帰ッタ。

などの傍線のように、主格よりも上に時空を表す補足語が出ることもあるが、時空は、特に時間はコトそのものに関する（partake in）ものではない。だから、甲型のコトでは、原則として主格が第一の位置を占めるとしておいてもよかろう。

そして甲乙両型の全部を通じて、主格だけは一おう不可欠である。主格中心説は、文でなく、コトに関して成立するのである。「（日本）文も、原則として主語と述語から成る」という無茶な現実無視に代えるに、次の真実をもってする。

コトは、動詞と補足語（原則として、少なくとも主格補足語——つまり文法的仕手）を含む。

あるいは、

コトは動詞と補足語から成る。そして補足語は、主格一個だけであるか、または一個の主格を中心とする補足語どもの集りかである。（主格中心説）

そして、コトのカナメは動詞（一般には用言）である。カナメが扇の骨々を一点に集めるように、補足語どもは集って、動詞にしめくくられるのである。

ムウド

辞（主体的表現）に当るサマは、助詞にも副詞にもあらわれるけれども、最も顕著なのは用言の活用語尾にあらわれるサマである。ラテン語 modus からフランス語 mode や英語の mood に移って、活用語尾にあらわれるサマをムウドと呼ぼう。ではなく、これは既成の文法用語としてそういう意味のものである。ただ、これまで日本文法ではあまりはやっていない用語なのを、構文論のまん中に据えようというのである。

ここでは、文の終止に使われるムウドを数え上げることにする。最初に表示する。間投法というのは、感嘆文を終止するいろんな形の総称である。

- 終止法
  - 直叙法
    - 平叙法
      - 確言法
      - 推量法
    - 疑問法
  - 命令法
- 間投法

このうち最も異論のないのは、命令形の命令法であろう。次に、「スル」や「アル」の形で終る平叙法が一つのムウドと認められることにも、まず異論があるまい。以下は、推量法と疑問法とがそれぞれムウドの名に値するゆえんの論証である。

次の二つのムウドを仮定する。

スル、デアル、ダ――確言法
ショウ、ダロウ　――推量法

これは形式本位の命名だから、推定の準用詞「ラシイ」についても、一おう両法が成立する。ただし、推定の推量というようにバカげたものは使い道がないけれど。

ソレハイイ。　　（確言法、断定を確言）

ソレハヨカロウ。　（推量法）

彼ハ行クラシイ。　（確言法、推定を確言）

彼ハ行クラシカロウ。　（推量法、じつは無用）

この「ラシイ」を使って、両ムウドの成立の根拠を示そう。両ムウドといっても、確言法の成立は問題外だから、推量法がそれと別個のムウドであるゆえんを示せばよいことになる。

彼ハ行クラシイ。　（確言法）

彼ハ行クダロウ。　（推量法）

この二つを見比べても文法的差異がよくわからない（表面化していない）が、それぞれ対応の疑問文に変えてみると、途端にその差異が明リョウになる。金田一さんが「不変化助動詞の本質」（国語国文五十三年二月三月）で試みられた方法である。

彼ハ行クラシイカ？　（ソレデヨイカ？）

彼ハ行クダロウカ？　（コレデイイダロウカ？）

前者は、相手の推定を求めているのであるが、後者は、話手の推量に自信がないために、自信のなさ（疑い）を表明して、相手の顔色を伺っているだけのものである。前者は問いの文で、後者は疑いの文である。これは、「ダロウ「ショウ」がもっぱら話手の推量や意向を表していることを示している。「行ケ」がもっぱら話手の命令であるために命令法が一ムウドであるのにならって、「ダロウ「ショウ」にも当然一ムウドを与えなければならない。

なお「ラシイ」が話手に専属していないことは、次のような用例からも言えること、金田一さんのご指摘通りである。

彼ハ全ク平気デアッタ。少ナクトモワキ眼ニハ、平気デアルラシク思ワレタ。

相手ガ急イデイルラシカッタノデ、彼ハ話ヲ切上ゲタ。

疑問法も、日本文法では一個のムウドと見なすのが適当である。服部四郎「付属語と付属形式」は必読の論文であるが、その中で服部さんは「ダロウ「ラシイ「カ?」の三つを同列に扱っておられる。

行クダロウ。　元気ダロウ。
行クラシイ。　元気ラシイ。
行クカイ?　元気カイ?

私の分類では「ダロウ「ラシイ「カ?」は準用詞ということになるが、ここの自立形「行ク」

は語幹形「元気」のいわゆる語幹用法に匹敵している。すなわち、終止法ではなくて、不定法(infinitive) と認めるべきである。

命令法　行ケ。
推量法　行コウ。　行ッタロウ。
確言法　行ク。　行ッタ。
疑問法　行クカ?　行ッタカ?

というふうに肩を並べるのである。「行クカ?」は終止法+切助詞(終助詞)ではなく、不定法+準詞としてその全体が終止法相当なのである。もし、終止法+切助詞なら、「行クョ「行クゼ「行クワ」などと同じく確言法のバラエティのうちの一つにすぎなくなる。

それで、自身終止法である「ショウ」や「ダロウ」に余分な「カ?」をつけたものは、弱い疑問文ということになる。この「カ?」はいくらか切助詞的になっている。「カイ?」と引伸ばすことができない点にも、そのことが反映している。

述定と装定

述定（nexus）を翻して装定（junction）を作ることは、きわめて無造作である。

述定　（コノ）辞書ハ、新シイ。

装定　新シイ辞書　　　　　（名詞句）

述定　こおひいニ牛乳ヲ入レタ。

装定　牛乳ヲ入レタこおひい　　（名詞句）

このような名詞句を含む文と、その変形とを並べてみよう。

（私ハ）牛乳ヲ入レタこおひいガ好キダ。

こおひいニ牛乳ヲ入レタノガ好キダ。

こおひいハ、牛乳ヲ入レタノガ好キダ。

ある名詞を底（base）にして装定を作ることと、その名詞を提示する（題目に取立てる）ことには連関がある。

新シイ辞書ヲ買イタマエ。

辞書ノ、新シイノヲ買イタマエ。

辞書ハ、新シイノヲ買イタマエ。

準体詞「ノ」のこの用法のものは、代名詞と言ってもよい。代名詞を使う代りに名詞を繰り返すのは我々のよくやる手だから、

辞書ハ、新シイ辞書ヲ買イタマエ。

と言っても差し支えないはずである。以上の諸例は、「甲ハ……乙ガ……」や「甲ハ……乙ヲ……」型の文からコトを取り出すときの参考になる。

格助詞「ノ」をめぐる述定（またはコト）、装定、提示の連関を示す文例を並べてみよう。

象ノ鼻ガ長イ。

学校ノ屋上ニ望遠鏡ガ据エツケテアル。

小田急ガX氏邸ノ横ヲ走ッテイル。

金沢ノ旧師ヲ見舞ウノガ北陸線回リノ目的ダッタ。

鼻ガ長イ象

象ハ、鼻ガ長イ。

屋上ニ望遠鏡ガ据エツケテアル学校

（ソノ）学校ハ、屋上ニ望遠鏡ガ据エツケテアル。

横ヲ小田急ガ走ルX氏邸
X氏邸ハ、横ヲ小田急ガ走ッテイル。
金沢ノ旧師ヲ見舞ウノガ目的ダッタ北陸線回リ
北陸線回リハ、金沢ノ旧師ヲ見舞ウノガ目的ダッタ。

装定や提示を作ることが無造作であるといっても、いや無造作であるだけに、これは乱用すると意味不明に陥る。関係代名詞 who, whose, whom（プラス前置詞）で格を区別する手間が要らない代りには、相当自制しないと意味の取りにくいフレエズができる。

「ソノ」を添えるのは、英語の影響かも知れない。

ソノ鼻ガ長イ象
象ハ、ソノ鼻ガ長イ。

第四章　活用形のはたらき

「言語生活」五十二年四月の座談会で、滞日十七年のクリュエル神父は、日本には文法はあるが文章論（シンタクス）がないから、外国人と協力して文章論を作ったらよかろうと忠告しておられる。

国立国語研究所で西洋人を顧問に迎えられるのも一法だろうが、まず我々自身協力して構文論を作る態勢を整えなければなるまい。

述語一本建の日本語では、述語すなわちムウドすなわち活用形の研究が構文論の中心的課題になる。そして、主述関係という錯覚の保持者は、この共同研究に加わる資格がない。確率の見地から、そういうことになる。

一、単式、軟式、硬式

主述関係の回数？

英文法では語句（語の集り）を二種類に分けている。

クロオズ（主述関係を含む、節）

フレエズ（主述関係を含まない、句）

そして、クロオズの個数とその相互関係（対等、主従）によって単文、重文、複文の区別を立てている。この区別を日本文法へ取り入れようとしても徒労である。ところが、すでに取り入れていること周知の通りであるが、それでは当然研究しなければならないことから眼を外らせることになり、徒労（無益）というよりやはり有害である。

かりに主述関係を認める立場に立って、それを数えようとしても、難儀なことが起る。

コノ地方デハ、梅ト桜ガ一時ニ咲キマス。

においては、「梅ト桜」で一個の主語のはたらきをするから、主述の一回的結びつきが成り立っている。だから単文である。というところまではいいとしよう。しかし、主述の一回的結びつきということが明リョウを欠く場合も多いのである。

三月ニ梅ガ咲キマス。四月ニ桜ガ咲キマス。

この傍線三個を下から順々に端折って二文に合せると、次のようになる。

三月ニ梅ガ咲キ、四月ニ桜ガ咲キマス。

三月ニ梅ガ、四月ニ桜ガ咲キマス。

Plum-trees bloom in March, and cherry-trees in April.

三月ニ梅、四月ニ桜ガ咲キマス。

間にはさんだ英文は、後半で述語 bloom が省略された重文であるが、日本文の出来上りは二個のいわゆる主語が、一個の述語「咲キマス」を共有している、といった格好である。もっとも、これも英文同様に、述語省略の重文と言って言えないこともない。しかし、数詞が加わると次のような構文が起るが、「ガ」が二個以上あるから重文、というわけにもいくまい。

一等ガ―m枚、二等ガ―n枚、三等ガ―p枚売レタ。

犬ガ―三匹ト子供ガ―三人、一ショニ走ッテイル。

この種の構文は、主格「ガ」についてと全く同様に、対格「ヲ」についても成り立つのである。

次の三文がパラレルな構造を持っていることは、ほとんど自明だろう。

リンゴ酒ハ、男モ飲ムシ、女モ飲ム。（主格二個）

私ハ、酒モ飲ムシ、タバコモノム。（主格一個）

彼ニハ、家モナイシ、妻子モナイ。（主格二個）

これらを、機械的に主格を数えて重文、単文、重文と言ったらおかしなものである。

｛彼ニハ（家モナイシ）｝　｛妻子モナイ｝

という構成なら、曲りなりに重文と言えるが、これは

｛彼ニハ｝　｛（家モナイシ）（妻子モナイ）｝

という構成だから、かなり奇妙な重文である。ということには一こう無トン着に、中の「タバコモノム」には主語「私ハ」が省略されているものと見て、結局三文とも重文にしてしまうのであろうか。

私ハ酒モ飲ムシ、私ハタバコモノム。

という日本語はすこぶる普通でない。あるべき、またはあるはずの主語が省略されていると何百回も言いわけしなければ、単文、重文、複文の区別はつけられないのであるが、そんなところで「あるべき」などいう空念仏を唱えているから、「あるべき」日本文法がいつまでたって

もあらないのである。というていたらくに対して、

私ハ、腹ガ立ッテ腹ガ立ッテ仕方ガナイ。

私ハ、腹ガ立ッテタマラナイ。

私ハ、腹立タシクテナラナイ。

右三文の傍線を数えて、何か有意義な区別が立てられるだろうか。と言うと、「腹ガ」や「仕方ガ」は主語ではないという和文英訳用の言いのがれが始まる。「Xガ」もただ一つの形式であるのに、それが主語であったりなかったりでは、主語の自殺である。

ソンナコトヲ言ウト、ミンナニ笑ワレルゼ。

は複文的な構造ではあろう。しかし前半にも後半にも主語はないのである。

日本語では、二文を重ね継ぎ（over-lap）にすることがよくある。

コウイウ様ナ意味ノコトヲ私ハ云ッタノデアルガ、今デモ私ハ、コノ私ノ云ッタコトガ嘘ダトハ少シモ思ワナイ。嘘ダトハ思ワナイガ、シカシ、コンナコトヲ結婚式ノ時ニ云ウベキ言葉カドウカ、トイウコトニハ多大ノ疑問ガアル。疑問ハアルガ、シカシソノ時、……

（橘　外男）

佐久間先生が早く注意されたように、わが接続詞には前文圧縮というのが多い。今一つ、対談速記から例を取ろう。

問　タトエバ、主婦ノ時間ヲ男ノあなうんさあガヤッテモイイトカイウコトハ考エラレナイデショウカ。

答　考エラレマスネ。考エラレマスケレドモ、マタ番組編成当事者ノ、考エラレル考エラレナイトイウ問題ト違ウデショウ。……

重なりが三重になっている。答の方を一重にして、その代りに重なり方をいろいろにしてみる。つまり重ね継ぎの部分を長短さまざまにしてみる。

男ガヤッテモイイトイウコトハ考エラレマスケレドモ、

イイトイウコトハ考エラレマスケレドモ、

トイウコトハ考エラレマスケレドモ、

考エラレマスケレドモ、

デスケレドモ、

これら長短さまざまの語句の構文的役割はだいたい似たもののように思われる。すると、デスケレドモ、マタ番組ノ編成当事者ノ、考エラレル考エラレナイトイウ問題ト違ウデショウ。

も重文と見なしたくなる。もっとも、いわゆる主語は一つもなく、述語だけ丁寧体傍線二個の重文である。

　第二章第四節に引用したが、主述関係を強調する人たちさえ、「それが言い表わされない場合が数多くあるとしても」という苦しい予防線を張らざるをえないのである。主文においてさえ主語省略(?)という例外が多いのであるが、副文（クロオズ）になると、ますます例外が多くなって――要するに、主述関係の回数で文を分類するなどというやり方は、実地に当って責任を取らされたら、指導者側がお手上げなのである。

　にもかかわらず、多くの文法書が英文法まがいの単文、重文、複文の区別を説いている。説明用の文例として、なれあいみたいな都合のよいものだけを並べ立てていること、あきれるばかりである。日本文法界には、どうしてこんなに勝手無責任な著者が多いんだろう。わからないこと、できないことは、延期するなり割愛するなり、とにかく取扱いを遠慮するという当然の礼儀作法が守られていたら、それだけでも日本文法は今よりましなものになっていようものを。

クロオズの不成立

かりに主述関係を認める立場に立っても、主語省略のクロオズがいくらも出てくることであるから、クロオズの判定には述語を手がかりにするほかはない。まして、ほんとうは主述関係も主語も存在しないのであるから、いよいよますます述語しか手がかりはないことになる。

机ノ上ニ本ガアリマス。

鳥ガ飛ンデイマス。

何度も繰返して言うが、英文が主―述の二本だてであるのに対して、右の日本文は述語の一本だてである。もっとも、有題にすれば、日本流に bipartite になる。

机ノ上ニハ|、本ガアリマス。

そして「ハ」は、たしかにセンテンスに安定を与えるので、いわゆる主語に代って題目はある構文的役割を受持つが、しかし無題の文もやはり文である。つまり、センテンスの要件は有題無題に共通な述語である。題述の述の方である。つまりつまり、述語の一本だてである。

主述関係が存在しないから、クロオズとフレエズの区別も成り立たない。主述関係を含むクロオズ（節）は日本文法に無縁になり、主述関係を含まないフレエズ（句）だけで事足りる——事足らさざるをえなくなる。

複雑な文は数個の用言を含んでいる。それらの用言から用言へ、係っては係られ、係っては係られて、ついに文末に達する、というのが日本語の構文の姿である。少なくとも、骨組みだけ言えばそうなっている。文の要所要所は用言が固めている。長いフレエズはすべて用言を含むのであり、そういう用言は句末に近い位置を占める。名詞句も例外でなく、句末に近いところに用言があらわれる。

あしびきの山鳥の尾のしだり尾の長々し夜を

モシ、ヒドク雨ガ降ッタトキニハ、

用言どうしの係り係られ関係の係り方を調べることが構文論の最初の大切な仕事になる。各活用形は係りとしてどういうはたらきをするか。その性能を検定するために、次の三つの準則を設ける。

第一——補語を食止めるか否か？

第二――連体法に収まるか否か？

第三――丁寧化が早いか遅いか？

三準則の説明にはいる前に、これによって得られる活用形のはたらきの分類とその内容とを概観しておこう。

名称	例	下へ	上を
単式	行ッテ	小さく弱く係る	少し背負う
軟式	行ケバ	中ぐらいに係る	中ぐらい背負う
硬式	行ッタ＋カラ	大きく強く係る	多く背負う

我々のセンテンスは、活用形から活用形へ、係っては係られ、係られて（上を背負って）は係って、大小のフレエズを作りつつついに文末に達する。係りとしては係り先の活用形へどういう影響を及ぼすかという、その拘束力。係られとしては、上のどれどれの係りを自己にまとめてフレエズを作るかというその負担力。「行ッテ」は小さなフレエズを作り、下をほとんど拘束しない。「行ケバ」は中ぐらいのフレエズを作り、下に「ダロウ」の気分を持つフレエズを予想させる。「行ッタカラ」は大きなフレエズを作り、平均して、文末遠きを思わせる。

第一則

第一則は次のような意味である。

私ノ本ト帽子ガ

美シイ本ト花ヲ

の傍線の連体はどの名詞まで係るかと言うに、文法上は下の「帽子」や「花」まで係ると見るのが自然である。意味上差支えない限り、そういう係り方をする力があるものと認めるわけである。どちらもまず「本」に係るが、そこを通り抜けて、「私ノ帽子「美シイ花」ともなりえるのである。この見方を連用と動詞とに及ぼすと、

原稿ヲ書イテ、雑誌社へ送ッタ。

において、対格の補足語「原稿ヲ」は「書イテ」に係るだけでなく、「送ッタ」にも係る。つまり「原稿ヲ送ッタ」のである。このような場合に中立法「書イテ」は補足語「原稿ヲ」を食止めないという。「原稿ヲ」は「書イテ」を通り抜けて、次の「送ッタ」にも及ぶのである。

彼ニ会ッテ、ソノコトヲ話シテオコウ。

においても、中立法「会ッテ」をはさんで、傍線どうしの係り係られが起っている。

彼ガ来テ、　（中立法）

彼ガ来レバ、　（条件法）

彼ガ来タガ、　（終止法）

を比べてみると、補足語「彼ガ」は、中立法の場合だけまだ余力を持っていて、その同一人「彼ガ」次に今一つ何かをやりそうであるが、条件法や終止法では、「彼ガ」の役目が一たん終っている感じである。むろん下に続く表現次第でいろんな場合が起って一がいには言えないが、勢としてはいま言ったような具合になっている。

条件法や終止法は補足語を食止めるが、中立法は補足語を食止めない、食止める力がない。中立形というのは、そのように締括りのない活用形である。このような活用形の係り方を単式とする。

彼ガ来テ、ソノ話ヲシタ。

彼ガ来テ、彼女ガ帰ッタ。

初の「彼ガ」は「シタ」まで係るが、後の「彼ガ」は「彼女ガ」に取って代られるから、

「帰ッタ」には係れない。という違いは「来テ」自身の勢には無関係だから、両文を通じて中立形「来テ」が「シタ「帰ッタ」に係る係り方を単式とするのである。つまり、補足語を食止める力のない活用形が下に係る係り方を単式と言うのであるが、簡単のために中立法そのものを単式と言うこともある。

補足語を食止める力のある条件法や終止法の係り方が複式である。こちらも、条件法や終止法を指して複式と言うこともある。

このように、活用形の構文的機能は大きく単式と複式とに二分される。

第二則

第二則によって、複式がさらに軟式と硬式とに分れる。連体に収まるか否かという意味も実例について説明しよう。

雨ガ降ッタノデ、遠足ハヤメタ。

雨ガ降ッタカラ、遠足ハヤメタ。

この二文は意味も形もよく似ていて、このままでは構文的相違がよくわからない。そこで、下に名詞をつけて連体句（名詞句）に変えてみる。

雨ガ降ッタノデ、遠足ヲヤメタ連中

雨ガ降ッタカラ、遠足ヲヤメタ連中

初の方は名詞句になっているが、後の方は「カラ」の直後で間が割れて、フレエズにならない。つまり「降ッタカラ」は「連中」に係っていない。だから、たとえば、

雨ガ降ッタカラ、遠足ヲヤメタ連中ノ旗色ガヨクナッタ。

というふうに、「降ッタカラ」は「連中」をよけて通って、直接「ヨクナッタ」に係ることになる。このような勢の違いは、

降ッタ（連体法）＋ノデ（準用詞）

降ッタ（終止法）＋カラ（接続助詞）

というムウドの違いに対応している。永野さんは、「ノデ」は前後を結びつけて全体を一つのものにするが、「カラ」の前後は二つのままだと書いておられる。

右の例で「連体に収まる、収まらない」という意味が理解されたと思うが、再び述体に戻して、

雨ガ降ッタノデ《軟式》、遠足ハヤメタ。

雨ガ降ッタカラ《硬式》、遠足ハヤメタ。

の傍線の小節が「ヤメタ」に係る係り方を軟式、硬式とするのである。連体に収まるような勢を持つ活用形の係り方が軟式であり、収まらない、あるいは収まりにくい勢の活用形が硬式である。すべて勢の階級づけである。これは複式の二分であって、前の単式はむろん楽に連体に収まる。次の「降ッテ」はごく自然に「ナッタ」に係るから。

雨ガ降ッテ、中止ニナッタ遠足

軟式の代表的な活用形は「スレバ」である。

誘ワレレバ《軟式》、イヤト言エナイ性分

誘ワレタガ《硬式》、行キニクカッタ事情

これも硬式の方は名詞句を作りにくい。絶対に作らないとは言えないが、作りにくい。「誘ワレタガ」は、「事情」をよけて通り、その下にあらわれる動詞に係ろうとする勢を示す。

三式を代表する活用形（むしろムウド）を上げれば、

単式　中立法　シ、シテ

軟式　条件法　スレバ
硬式　終止法＋接続助詞

単式は最も軟かく（弱く）、硬式は最も硬く（強く）、軟式はその中間である。そして両端の中立法と終止法とが相並んで重要なムウドであることは言うまでもない。活用形として得られた係りの硬軟（強弱）を、活用形以外の係りにも拡張して、名詞をも三式に分属させれば、

単式　Xガ、Xヲ、Xニ、……Xデ（中立法）
軟式　Xナラ（条件法）　Xナノデ
硬式　Xハ　　Xダカラ

第三則

丁寧化のテストも、実例について説明しよう。
雨ガ降ッタノデ、遠足ハヤメタ。
雨ガ降ッタカラ、遠足ハヤメタ。

この両文の丁寧さを段々高めて行くと、次のように変って行くだろう。

第一段――少し丁寧

雨ガ降ッタノデ、遠足ハヤメマシタ。

雨ガ降ッタカラ、遠足ハヤメマシタ。

第二段――中位に丁寧

雨ガ降ッタノデ、遠足ハヤメマシタ。

雨ガ降リマシタカラ、遠足ハヤメマシタ。

第三段――非常に丁寧

雨ガ降リマシタノデ、遠足ハ中止イタシマシタ。

雨ガ降リマシタカラ、遠足ハ中止イタシマシタ。

第二段あたりが標準的な丁寧さというものだろう。連体法「降ッタ（ノデ）」はこのままでよいが、終止法「降リマシタ（カラ）」はこのように丁寧化しないと少しぞんざいに聞える。終止法は丁寧化することが早く、連体法はそれより遅れるということになる。

丁寧化が適当であるか否かということは程度問題であるし、早いとか遅いとか言ってもやはり程度の違いである。だから丁寧化のテストによって新たに式をふやすことはしない。式は単式、軟式、硬式の三式でおしまいである。このテストは、すでに得られた三式の妥当さを確かめるのに使い、同じことだが、三式判定の不十分なものの判定援助に使うのである。たとえば

誘ワレタノニ、行ケナカッタ遠足‖

が名詞句（連体句）をなしているか否かの判定に自信がないとき、丁寧化のテスト

誘ワレタノニ、行ケマセンデシタ。

誘ワレマシタノニ、行ケマセンデシタ。

をも参考にして総合判定するというふうに。

用言の丁寧さは伝達と関係があり、伝達意識が強いほど丁寧化しやすいと考えられる。この考えによって第三則、丁寧化のテストが成立つのである。そして伝達を陳述の仕上げと見なすと、丁寧さはほぼ陳述に比例するとも言えよう。

西洋の動詞は陳述形（finite verb）と非陳述形（non-finite form）とにセツ然と二分される。わが動詞活用形にはこのようなセツ然さが求められない。陳述のはたらきの段階を表すいくつかの活用形があるように思われる。終止法による言い切りが十分な陳述を表わすことは疑

いないが、途中に使われる活用形はそれぞれ不十分な陳述を表わしているように思われる。ムウドを分数値で表してみれば、次のような五段階になろうか。

一、不定法	0	単式
二、中立法	1/4	単式
三、条件法	1/2	軟式
四、終止法（係り）	3/4	硬式
五、終止法（文末）	1	式以外

丁寧な言方の場合に文末の終止法がまっ先に、しかもほとんど例外なく丁寧化することは言うまでもない。そして文末の言い切りが十分な陳述を表していることにも異論がない。しかし三式は係りの名前だから、文末の終止法は何式とも呼ばない。それから終止法（＋接続助詞）、条件法、中立法の順に陳述の力が弱まって、不定法にいたってその力がゼロになる。不定法というのは、次の傍線を指す。

切符ヲ買イニ行ク。

雨ガ降リハシタガ、……

中立形のほかに、自立形にも不定法と見るべき用法がある。不定法は決して丁寧化せず、したがって全然陳述しないけれども、動詞の資格は保存している。

雨ガ降ッタラシイデスヨ。

習ウヨリ慣レロダ。

知ラナイコトヲ知ラナイト言ウ——コレガナカナカデキナイノデス。

コノコトヲ光ガ回折スルト言イマス。

二、終　止　法

終止法の重視

平凡ながら終止法は最も重要なムウドである。西洋の finite verb に匹敵するものを強いて求めれば、終止法でなければならない。

行ク、行ッタ

行コウ、行ッタロウ（やや衰退気味？）

行クカ？　行ッタカ？

行ケ
元気ダ、元気ダッタ
元気ダロウ、元気ダッタロウ
元気カ？　元気ダッタカ？

このうち「行ク「行ッタ」には同形異法（連体法、不定法）があることに注意しなければならない。言換えると、自立形「スル「シタ」には終止法、連体法、不定法という三つの用法があるのである。ちょうど英語の do, go, see, run などの形が直叙法現在（第三人称単数以外）と命令法と不定法との三用法を持つようなものだろう。

次は島田保さんが長大な文の典型的な一例とされたものである。（国語国文四十三年十一月）

灘五郷の銘酒さへ最上品は東京へとられてしまって、本場へ残るのはその次ぎの品とかいふ話もきく程で、何によらず東京は最上品の集中場であらうが、しかし又東京へ行ってからいろいろに混合されるらしい最上酒よりも、地元に残されたその次ぎの品にかへって純粋な酒の味があるやうに、大阪には大阪の美人がゐるにちがひないと思ふのだが、それならばとひらきなほって何処にゐますかと問ひかへされるとこちらが当惑する。（森田たま「もめん随筆」）

島田さんの言われるのに、こういうものを普通の文章論（シンタクス）で解剖せよと言われれば全く手を焼かざるをえない。一番最後の「こちらが当惑する」がこの文の主語述語で、他はことごとく副詞的修飾語にすぎないと言ったら人はあきれる外はないだろう、と。しかし、右の長文を読点に従って七つに区切り、それをいわゆる合文の関係になるＡＢＣの三部分にまとめられた。傍線は、別に私が終止法を数えたもの。

Ａ　灘五郷ノ銘酒サエ最上品ハ東京ヘトラレテシマッテ、本場ヘ残ルノハソノ次ノ品（　）(1)トカイウ話モキク程デ、何ニヨラズ東京ハ最上品ノ集中場デアロウ(2)ガ、

Ｂ　シカシ又東京へ行ッテカライロイロニ混合サレルラシイ最上酒ヨリモ、地元ニ残サレタソノ次ノ品ニカエッテ純粋ナ酒ノ味ガアルヨウニ、大阪ニハ大阪ノ美人ガイルニチガイナイ(3)ト思ウノダ(4)ガ、

Ｃ　ソレナラバトヒラキナオッテ何処ニイマスカ(5)ト問イカエサレル(6)トコチラガ当惑スル(7)。

終止法のうち、(1)のゼロと(3)と(5)との三つは引用文中のものだから取りのける。(6)も、後述するようにやや特別な終止法だから後まわしにする。すると(2)と(4)と言い切りの(7)とが残り、これら三つの終止法がＡＢＣの三部分を担うことになる。

このように形式的処理をやっても、島田さんが意味上（？）から分けられた段落と一致するのである。「全く手を焼かざるをえな」くなるのは早計で、まず終止法を押えて行くという手を当然考えるべきである。この手で必ず成功するとは言えまいけれども。

もっとも島田さんの意見は妥当で光っているものが多い。たとえば、

もともと日本語では定動詞（finite verb）とか陳述動詞とかいったものが形態上区別されないばかりでなく、表現上に於てもいはゆる節（clause）の述語などにはさういった性質の乏しい場合が少なくない。だから日本語では節と節でないものとの区別など不要だといってしまへばそれまでであるが、ごく大体にいへば接続助詞や吸着語などを下接するものでは陳述動詞的な性質が比較的強く、普通の体言に対する連体語などではごく弱い。

陳述のはたらきも程度の問題であるという見解には賛成である。その程度の強いものとして上げられたのが次の二つであるらしいことにも賛成である。

甲、終止法＋接続助詞

乙、連体法＋吸着語（準詞）

取り分け甲の終止法がほぼ finite verb に匹敵することは、理論からも実際からも肯定でき

る。長大な構文を解剖するには、まず終止法から押えて行くことである。

短文主義

長大な構文は、ともすると歯切れの悪いものになる。新聞の「声」欄から一センテンス抜いて、個条書のように書分けてみる。

(1) 出場校ノ優秀選手トモナレバ、
(2) 地元デハ英雄的ニ取扱ワレ、
(3) ソノ待遇ブリハ高校生以上ノモノデアリ、
(4) ぐらんどデノぷれいカラ宿舎ノ生活マデガ花ヤカニ紙面ニ掲載サレタリスルタメ、
(5) 感ジ易イ年ゴロノ彼等青年ニハ刺激ガ強スギ、
(6) イタズラニ彼ラヲ思イ上ラセル
(7) ヨウナコトガナケレバ
(8) 幸セデアル。

この文の組立ては次の通りである。

〔{(1.+2.+3.+4.)+(5.+6.)}+7.〕+8.

だから、この文の中には既定の事実は少しも含まれていないことになる。すべてが仮定なのである。たとえば「英雄的ニ取扱ワレルヨウナコトガナケレバ結構」と言っているのである。もっとも、(4)の結びが島田さんの乙（連体法＋吸着語）でやや陳述動詞的であるために、そこで少し既定の気分が出ないでもないが、全体としてはやはり仮定だと言われても仕方がない。

投書者の真意が事実を指摘したつもりなら、いくつかの独立した短文に切分けたらよいのである。多くの人に言われているように、作文の初歩は短文主義でなければならない。短文主義というのは、終止法をできるだけ多く使う主義と言っていいだろう。

短文に切り分けない場合でも、少なくともところどころに終止法を使うべきである。たとえば(4)の結びを「スル｜カラ」か「スル｜ガ」にすれば、そこから前がはっきり既定の事実になる。そうすれば「ヨウナコトガナケレバ幸セデアル」が無用になってしまうが、(7)と(8)は初めから余計な引伸ばしなのである。

このように、作文の心得としても終止法は重視しなければならない。終止法を使わなければコトはきまらないのである。

日本文法で接続助詞と呼ばれているものは、受ける用言の形が次のようにほとんどすべての活用形に渡っている。

中立形　シ＋テ、シ＋ナガラ
仮定形　スレ＋バ
連体形　シタ＋ノデ、シタ＋ノニ
終止形　シタ＋ガ、シタ＋カラ、スル＋ト

こういうごっちゃの寄せ集めでも、接続という役割は共通だから一つの分類と言えないことはないが、このままの一括の扱いで構文論に役立てることはできない。従来は、重文を作る助詞というふうに感じられていたかも知れない。これらのうち、私は、終止法に下接するものだけを接続助詞とする。

三尾さんの「話言葉の文法」旧版二八四ペには、次の有益な統計表が出ている。いわゆる接続助詞の受ける活用形が丁寧化する百分率であって、戯曲集を材料とされたものである。

が	九四・五	パアセント
もの（推定）	九四・五	〃
けれど	八六	〃
もんですから	七六	〃
から	七三	〃
し	五八	〃
ので	二八	〃
のに	二〇	〃
と	七・三	〃
ら	六	〃

「モンデスカラ」は、受ける活用形でなく、この中に含まれている「デス」を対象とされたもののようである。最後の「ラ」は条件法「シタラ」の活用語尾を切離して助詞扱いされたものであるが、これは後に撤回されたはずである。この二つを除外した残り七助詞を、百分率数値の著しく開いている個所を境にして三つの段階に分けると、次のようにムウドの違いに一致

対応する。

ガ	九四・五	終止法を受ける
モノ	九四・五	
ケレド	八六	
カラ	七三	
シ	五八	
ノデ	二八	連体法を受ける
ノニ	二〇	
ト	七・三—終止法「スル」だけを受ける	

佐伯哲夫さんがこの統計を追試し、さらに丁寧調（丁寧体を基調とする文）の研究を試みておられる。（関西大学「国文学」五十九年四月）私の接続助詞は「モノ「ガ「ケレド（モ）「カラ「シ」とやや特別な「ト」の六つである。

「モノ」は談話専用であって、しばしば文末に使われて、余韻ある切助詞という格好にもなる。連体法には絶対収まらない。

「ガ「ケレド」は、丁寧化の早さが示すようにかなり硬い硬式である。しかし、連体法に収めた用例もかなり多い。多少不安定ながら、連体化が増しつつある。

逆接を連体法内に持込む言い方を並べてみよう。最初のが歌の原文でもあるし、標準的でもある。

狭イナガラ（モ）、楽シイ我家　（動詞なら中立法）
狭クテ（モ）、楽シイ我家　（中立法）
狭イノニ、楽シイ我家　（連体法）
狭イ（連体）、ダガ楽シイ我家　（接続詞）
狭イケレド（モ）、楽シイ我家　（終止法）
狭イガ、楽シイ我家　（終止法）
狭クハアルガ、楽シイ我家　（終止法）

このうち、終止法はそこで割れそうな勢がなくもないので、少しばかり不安定である。次の三例は、「ガ「ケレド」と連体との関係の三段階を示す。

一、（田島先生は）医者ノヤウナ古風ナ、チヤウド原稿用紙ガソノママデ入ルグラヰノ鞄

ヲサゲ、半白ノ髭ニ、色ガアセタケレドモ型ノ崩レナイ例ノ縞ノ洋服ヲ着テキル。（伊藤　整）

二、核分裂トイウノハ、アル粒子ヲ重イ方ノ元素ノ原子核ニブッツケテ、コレヲ全ク等シクハナイガホボ同ジヨウナ大キサノ二ツノカケラニ分ケル反応ニツケタ名前デアル。（伏見康治）

三、コレハ原子核カラ出タえねるぎいデアル。スナワチ核えねるぎいデアル。シカシアマリ正確デハナイガモット普通ニハ、ソレヲ原子えねるぎい（原子力）トヨンデイル。（同）

一の「ケレドモ」は全く連体法内にはいっている。二の「ナイガ」も連体法に収まっているが、「ヨウナ」の緩衝で安定度を増している。三の「ナイガ」は連体法外に立ってソウ入句を形作っている。一と二は内、三は外なのであるが、内外相互の移行が可能なために、不安定さがあるわけである。逆接を連体化するには、連体修飾の内容が一のように既定のものでなければならない。次のような未定の連体はまずい。

哀シイガ、明ルイ小説ヲ書イテミタイト思イマス。（遠藤周作）

これでは、「明ルイ小説ヲ書ク」ことに作者が悲しみを感じているように聞える。

「カラ」は決して連体化しない。「シ」も理由（事情）を表わすときには連体化しないが、単に列挙を表わすときには軟式になり連体に収まる。

知リモシナイシ｜、知ロウトモシナイ連中‖

「ト」は特別で、単式寄りの軟式である。「スルト」は「スレバ」「シタラ」「スルナラ」などと一しょに条件法の一変種として考えるべき形式である。

連　体　法

ここに取上げるのは次のような普通の装定ではない。

乙ニ丙ヲ紹介｜連体 シタ甲‖

甲ガ乙ニ紹介｜シタ丙‖

連体句を受止める名詞が名詞くずれして形式化した場合の連体法を取上げるのである。名詞くずれの段階を例語とともに示せば、

（吸着語、形式名詞）

名詞―添名詞―準　体　詞―準用詞―接続助詞

物　モノ　ノ　ノデ　モノ

この形式化の段階では、準詞と助詞との間に一線を引いて、一おう次のように区別する。

連体法＋準詞（病人ナ|ノデ、出ラレナイ）

終止法＋助詞（病人ダ|モノ、仕方ガナイ）

もっとも接続助詞としては「モノ」よりももっと重要な「カラ」を使って、「ダ|カラ」と「ナ|ノデ」とを代表に取る方が便利である。この二つは硬式と軟式とをよく代表してくれるので都合がよいが、終止法と連体法とがいつもこのように判然と区別されるわけではない。島田さんの指摘のように、終止法（＋接続助詞）はまず finite verb 的であり、次いで連体法＋準詞もいくぶんそうであるが、その境は判然とせず、連続的とも考えられる。連体法は受止める名詞が名詞くずれするのに比例してはたらきが終止法に近づくが、同時に形態もアイマイになってくる。

準用詞「ノデ」と「ノニ」とは三尾さんの統計でも仲よく並んでいたが、よく似た軟式どうしである。一たい接続は大別して順接（理由を含む）と逆接（譲歩を含む）との二種類になろうが、「ノデ」と「ノニ」は理由と逆接とを表す点でも好一対である。ただし形態上「ノニ」

は動揺している。

　病人ナノデ

　病人ナノニ（病人ダノニ）

現在は、やはり連体法を受ける方を標準的と見なしたい。丁寧化のテスト（第三則）は判定援助に使うと前に書いたが、このテストを動揺する形式の裁断にも使えば、連体法が有利になるわけである。それに次の流行歌の流行がまだ尾を引いているものと見て――

　アア、ソレナノニ、ソレナノニ！

終止法か連体法かを見分けるには、現代語ではナ形容詞をテストに使うしか方法がない。このテストにかかるものでも「ノニ」のように動揺して判定困難なのがある。ましてナ形容詞や準用詞「ダ」を受けないものは、終止法か連体法かを見分ける方法がないことになる。「シタトコロ（ガ）」の傍線は、語原的に連体法だという薄弱な根拠以外に、どっちときめる手がない。用例から察して、「シタ」を終止法、「トコロ（ガ）」を接続助詞に準じるものと見ておきたい。全体として硬式であろう。

　シタタメ（ニ）、シタニモカカワラズ

などは連体法であり、軟式か単式である。準用詞「モノノ「モノヲ」は「ノニ」に似て、「ノニ」より硬い。いろいろ個別的具体的に観察の必要がある。

要するに、ある方向の連体法は次第に終止法に近づくということ、そして連体法と終止法との境はアイマイであることを承知してかからなければならないが、そうかと言って区別のつくことまで早目に断念してはならない。次の三種の例を手本にして、それと比較してみるとよい。

単式　病気ノタメニ|　子供ナガラ|、子供ノクセニ|（非難）

軟式　病気ナノデ|　子供ナノニ|

硬式　病気ダカラ|　子供ダガ|

不定法

不定法は下に法がついているが、ムウドの名前ではない。英文法の用語をそのままにインフイニチヴと呼ぶ方がいいかも知れない。

	終止法	連体法	不定法
自立形	スル、シタ	スル、シタ	スル、シタ
推量形	ショウ	ショウ	―
命令形	シロ	―	―

自立形の同形三法（終止、連体、不定）は直接には区別がつかないから、ナ形容詞で判定のすんだ形式によって推定するよりない。

元気ダカラ	元気ダソウダ	終止法
元気ナノデ	元気ナヨウダ	連体法
元気ラシイ	元気ソウダ	不定法
（行クラシイ）	（行キソウダ）	

終止法は陳述する。不定法は陳述しない。そして連体はその中間に位する。連体法には、不定法に隣りあってほとんど陳述しないものから、終止法の陳述に接近するものまでいろいろある。

不定法は二つの場合に分けられる。(イ)単独に使われる場合と、(ロ)準用詞に受け継がれる場合とである。英語のインフィニチヴにも二種類ある。

a) To see is to believe.

b) Did you see him?

(a)の see は単独ではたらき、(b)の see は陳述を助動詞 did に委譲している。(ロ)の方をさきに並べると、

スルダロウ　　元気ダ、元気ダロウ

スルラシイ　　元気ラシイ

スルカ?　　元気カ?

の傍線は不定法であって、陳述は準用詞「ダロウ「ラシイ「カ?」に委譲している。擬古文法で、「べし「らし「らむ「めり」などの助動詞は終止形に接続すると言われているが、これも不定法を受けるものだろう。ラ変動詞の場合にそのことが暴露する。一たん終止した形に準用詞（助動詞）が接続するというのは、説明としてまずい。

(イ)の単独または助詞で受けられる不定法としては、「スル「行ク「見ル」など辞書の見出しに使われているものや、指定の書込み（ゲラに記入する「トル」のごとき）を初めとして、なお次のようなものがある。

アクマデヤリ通ス――ソノ覚悟ガ肝心。

詩ヲ作ルヨリ田ヲ作レ。

早ク行クガヨイ。

出ルニモ出ラレズ、……

不定法は丁寧化できない。終止法と同形であるにもかかわらず、これは陳述ではないから、丁寧化できないのは当然である。同形が陳述と非陳述との両極端を受持つのだから、その見分けはおろそかにできない。

三、中立法

中立法の同化

中立法は終止法と並んで最もよく使われるムウドである。ムウドと言っても自主性のない他力本願の中立的ムウドであって、西洋文法に類似を持たない。

「行キ「咲キ「シ」と「行ッテ「咲イテ「シテ」とを一しょに中立形と呼び、その係りを中立法と呼ぶが、この活用形の性能は、補足語を食止めないこと、すなわち補足語の通過を許すことであった。

これは、陳述というはたらきの締括りのなさを意味する。だから、その当然の裏として中立法は固有のムウドを持たない。補足語を食止めないことが表の性質で、ムウドを備えていないことが裏の性質である。

京都へ行ッテ、都踊リヲ見物 ｛スレバ、／シタ。／セヨ。｝

「行ッテ」は下を拘束しない。反対に係り先の「見物シ」の活用次第で、「行ケバ」「行ッタ」「行ケ」などの意味になるのである。このことを、中立法が係り先の活用のソ及(さかのぼり)に同化するという。

結果としてはどれかのムウドに落ちつくから、逆に、二文（時には三文以上）を中立法で一文に合せることができる。

京都へ行コウ。ソシテ、都踊リヲ見物ショウ。

京都へ行ッテ都踊リヲ見物ショウ。

三月ニハ梅ガ咲ク。四月ニハ桜ガ咲ク。

三月ニハ梅ガ咲キ、四月ニハ桜ガ咲ク。

このように中立法と係り先の動詞とは継起や共存を表わす。「行ッテ「咲イテ「シテ」の形は継起を表わすことが多いし、「行キ「咲キ「シ」の方は継起も共存も表わす。しかし後者はほとんど文章専用になっているから、談話で共存（継起でない方）を表わすには、

三月ニハ梅ガ咲クシ、四月ニハ桜ガ咲ク。

のように終止法を使うが、ここでは、大まかに「シ」と「シテ」とを一括して中立法を取扱う。

中立法は、だらだらといくつでも重ねて使うことができる。小学生の作文にまま見かけるように、

朝起キテ、ゴ飯ヲ食ベテ、ベン当ト水筒ヲ持ッテ、七時ニ家ヲ出テ、X君ヲ誘ッテ、……

次のような重ね方は、積極的に律動の効果をねらったものだろう。

割れて　砕けて　裂けて　散るかも

むろん、中立法は多く重ねないという心掛けが必要であるが、重ね方は少なくても、中立法と係り先との間があくと、いろいろ故障を起しやすい。

中立法の使い誤り

中立法で気を配るべき事項は、表の補足語通過と裏のムウド同化である。補足語の通過について注意を要するのは、ほとんどもっぱら主格である。他の格、たとえば対格一個を中心にして、それにいくつかの中立法をめぐらす構文、

巨万ノ財産ヲ、初代ガ作リ、二代目ガ守リ、三代目ガ使イ果シタ。

のようなのはまれである。これも私が強いて作った文例である。もっとも、有題の

リンゴ酒ハ、男モ飲ミ、女モ飲ム。

のような文例はかなりあるが、これは中立法だけの問題ではなく、条件法「男モ飲メバ」、終止法「男モ飲ムシ」でも成立つ。

やはり主格が問題であって、中立法の前後で主格の無断交代が行われるのは感心しない。

虎ハ、既ニ白ク光ヲ失ツタ月ヲ仰イデ二声三声咆哮シタカト思フト、又、元ノ叢ニ躍リ入ツテ、再ビ其ノ姿ヲ見ナカツタ。（中島敦「山月記」）

（私は）或ル晩、駅カラ帰ル途中B29ノ編隊ニ遭ヒ、ソレガ又高射砲ダカ何ダカニ盛ンニヤラレテ燃

エ落チルノガ壮観デ、ツイ丘ノ上ニ腰ヲ降シテ見物シテ帰ツタラ、彼（白洲次郎）ハ真顔ニナツテ心配シテ、散々叱ラレタ。（河上徹太郎）

童話ノ方デハ、林（芙美子）サンハズイブン面倒ヲ見テクレ原稿ノ売リ方マデ教エテモラッタ。（平林たい子）

中立法の主格は「ハ」で一そう強化されているのに、言切りの主格は別人にすり変っている。

白洲ガ心配シタ。河上ガ散々シカラレタ。

林ガ見テクレタ。平林ガ教エテモラッタ。

この後例のような乗換えはかなりふえている。談話では非常に多く、文章でもまれでない。

三沢サンハ……ワザワザ書記局ヘモ訪ネテコラレテクワシイ話ヲ聞カセテモラッタ。（教育新聞）

デスカラ広告主ガ新聞社ノ方針ヲヨク理解シテイタダケレバ問題ハナイノデスガ、……（朝日新聞）

「広告主ガ理解シテクダサレバ」と書くべきところを、途中で乗換わったのである。この乗換わりは段々ひどくなりつつある。

裏のムウド同化の迷いも少なくない。疑問文に終る場合があぶない。次はひどい例である。

課題一八――郷土ニオケルオモナ道路ノ分布図ヲツクリ、ソレハ地形ヤ集落、土地利用ナドトドンナ関係ガアルカ。（中学二年、社会科）

「ツクリ」は、多分命令法に同化する予定だったのだろう。「ヲ調ベテミヨ」を付足したら落ちつく中立法だろう。このように疑問文の含む中立法が命令であるような例は、さすがにめったないが、疑問文の含む中立法が確言（assertive）らしい場合は、それよりも起りやすい。

（このような両性関係は）ドコカ、奇妙ナコトノヨウニモ思ワレ、ドンナ社会ニナッテモ、コノ不思議ハ解決サレナイノデハナカロウカ。（外村　繁）

（レオナルドは）作品トシテ問題ナク信ズベキモノ、僅カニ十個アマリヲ残スニ過ギズ、シカモ、ソレ等ヲスラ彼自身ドレダケ完成シタト考ヘタデアラウカ。（矢代幸雄）

疑問文と言っても反語表現であり、書手の頭の中では内容に自信があるために、中立法の前後ともに平叙であるように、感じ誤られるのであろうが、疑問文（反語）は疑問文である。二文に切分けるか、反語を正語に改めるかしたい。

＜キレイナ水爆＞ガナイノト同様、＜教師ヲヨクスル勤評＞ナンテアルモノダロウカ。

これは中立法の問題ではないが、「アリハシナイ」という主張が傍線のような反語になっているためにおかしいのである。文章のへたなうちは、反語は使わないことである。

打消の同化の範囲は簡単にきめられない。「甲ハ乙デアル」と「甲ハ丙デハナイ」とを一文にする場合には、論理的明リョウさのために語順を変えるくらいやってもよかろう。

甲ハ乙デ、丙デハナイ。　（やや不明リョウ）

甲ハ乙デアッテ、丙デハナイ。　（やや明リョウ）

甲ハ丙デハナクテ、乙デアル。　（最も明リョウ）

中立法が乱用され、無責任に流れることは、日本語の論理性のために嘆かわしい。中立法ごとに、それが平叙なのか疑問なのか、肯定か否定か、既定か未定かなどを自覚させる習練（のちに習性）が必要である。

またどの動詞に係るかの問題もある。

W刑事ハ、血マミレニナッテ、逃ゲダシタ賊ヲ追イカケタ。

「血マミレニナッタ賊ヲ」なのか、「血マミレニナッテ追イカケタ」のか。これは、中立法に限らず、単式、軟式、硬式すべての係りに起る問題である。三式を立てるのは、係り方の順序を法則化するための手がかりを得たいからでもある。

不定法

中立形の単独な不定法としては次のものがある。

切符ヲ買イニ行ッタ。

これは、概して「切符ヲ買ッタ」ことになるが、しかし何かの都合で「買ワナカッタ」かも知れない。不定法「買イ」は、その実現を一おう不問に付した用法である。中立法の「買イ」だったら、結局「買ッタ」か「買ウ」か、「買オウ「買エバ「買ワナイ」などのどれかに落ちつく。これが不定法と中立法との違いである。特別な形として「走リニ走ル」の「走リ」も不定法だろう。

映画ヲ見テノ帰リニ……

自慢ハ、勝ッテカラニシロ。

内情ガ知レテカラデハマズイヨ。

(詩ヲ作ルヨリ田ヲ作レ。)

右の傍線も不定法と見たい。この不定法の動作はよく実現するが、事実そうなることが多いというだけで、「見テ「勝ッテ」の形そのものは、その実現を不問に付してただ動作の完了だけを観念したもの（to have done）だろう。中の一例は、

マズ勝テ。然ルノチニ自慢セヨ。

とも言い直されるから、「勝ッテ」は命令「シロ」に同化しているようだが、じつは勝たしたくないのであって、抽象的に、勝利を前に自慢を後に置いたにすぎないだろう。

中立形でも、不定法の大部分は準用詞へ引継がれる形、つまり広義の造語成分としての不定法である。ナ形容詞の語幹形が動詞の両形に分れる。

元気ダロウ、元気ラシイ、元気カ？　──→自立形

元気ソウナ、元気ナガラ、元気スギル──→中立形

こっちの不定法の用法は、それぞれ準用詞や添動詞の問題になるから、不定法として特別に研究する必要はない。ちょうど英語の

will *do*, may *do*, can *do*, ought to *do*, have to *do*, be to *do*,……

のインフィニチヴは助動詞に譲っていいように。

ただ中立形（不定法）を含む組立て用言を並べておこう。

オ行キニナル、オ待チスル
行キハスル、行キモスル
行キタイ、行キマス
行ッテイル、行ッテシマウ
行ッテミル

間に係助詞をはさんで「行ッテハミタ」とか「行ッテモミヨウガ」と言うことがあるが、次の提示法はそれとは違う。

君自身ガ行ッテハ、ドウダ？
君ガ行ッテモ、ダメダロウ。

ここにはもはや中立法の同化などは求められない。これらは中立法が延長された提示法であり、条件法と並べて取扱うべきものである。

副詞化

自立形にも中立形にもおよそ三つずつのグルウプにまとめられるような用法がある。

自立形	中立形
終止法（硬式）	中立法（単式）
不定法	不定法
連体法	副詞化

副詞化というのは、副詞になることだけでなく、広くその方向の形式化を指すことにしたい。自立形の連体法にも形式化が起るが、これは連体法を受止める名詞がくずれ形式化するのであった。中立形の方は、中立形自身が形式化するのである。

中立法は、継起でも共存でも、単なる前件から副詞的修飾句に変る契機を持っている。たとえば次の中立法には、いくぶん逆接の気分が生じている。

見テ見ヌフリヲスル。　（共存）

勝ッテ、カブトノ緒ヲ締メヨ。　（継起）

これらの中立法には言切りへの同化が失われ、それだけ係り先から独立した単語になっている。

勝テ。ソシテ、カブトノ緒ヲ締メヨ。

ではなく、むしろ、次の提示法の「モ」抜けのように感じられる。

勝ッテモ、カブトノ緒ヲ締メヨ。

「モ」が落ちたと見なされる場合、つまり「モ」の有無が意味にあまり影響しない場合は他にもある。たとえば比較の「ヨリ」と「ヨリモ」とはほとんど同じ意味である。「モ」抜けとすれば、「勝ッテ」が同化を超越しているのは当然である。とにかく、中立法には副詞的になる傾向があり、単なる中立法と副詞的な中立法との間は連続的である。

泣イテ喜ブ
喜ンデ引受ケル
歯ヲ食イシバッテ我慢スル
間ガ抜ケテ見エル

そして副詞化が進むと、副詞や接続詞になったり助詞相当になったりする。

一人ニツキ、先着十名ヲ限リ
ニ就イテ、ニオイテ、ヲモッテ
決シテ、ハタシテ、向ッテ右

シタガッテ、ツヅイテ

このように形式化が進むと、もはや中立法とは縁の切れた別な単語ということになるが、これらの中には、動詞の素性の一部を保存していて、丁寧化するものがある。

ココニオキマシテ、……

ツキマシテハ、……

丁寧化するものとしないものとのだいたいの区別はあったのだろうが、近ごろは過剰丁寧化が起り勝ちで、どこに一線を引いていいかわからない。大阪駅に次の掲示が出ていたが、私にはだいぶ丁寧過剰と感じられた。

コノ列車ニ限リマシテ、8番線カラ発車イタシマス。

中立法は、表（補語を通す）と裏（固有のムウドを持たぬ）の二特性を持っているが、同形異法（不定法、副詞化）ではその特性はどうなっているか。裏の性質はほとんどすべてを通じて維持されている。接続詞のあるものを除いて、すべて特定のムウド以前として使われる。表の性質は成立たない。たとえば「知リツツ」や「知リナガラ」は、これら全体としても中立法に似たはたらきをするが、「ツツ」や「ナガラ」というといわば底がはいっているために、もはや補足語の通過は許さない。

四、条件法

仮定形から条件形へ

「行ケバ「見レバ「スレバ」の形（いや、これらから不当にも「バ」を除いた形）は仮定形と呼ばれているが、この名称は的外れとは言えないまでも、やや適切を欠くように思われる。この活用形は仮定にも使われるが、中心的な意味は、単にある条件の下にある結果が起るという当然関係（implication）の前半を表すことだろう。

チリモ積レバ、山トナル。

無理ガ通レバ、道理ガヒッコム。

犬ガ西向キャ、尾が東向ク。

このように道理を表すのが典型的な用法である。むろん「モシ」をつけて仮定を表わすこともできるが、それは比較的少ない用法であって、この形自身には「モシ」の気分は薄いように思う。「モシ」のつきやすいのは、「行ッタラ（バ）「見タラ（バ）「シタラ（バ）」の方である。

当然関係を表すから、条件と結論との結びつきが緊密である。前後一体になりやすい。そのために単式に次ぐ軟式なのである。

京都へ行ッテ、都踊リヲ見物（単式）
- シタ。
- セヨ。
- シタ日ニ（連体）

京都へ行ケバ、都踊リヲ見物（軟式）
- スルコトガデキル。（道理）
- スル習慣（連体）
- シタ。（習慣）

どちらも係り先「見物シ」はいろいろに活用するが、単式の場合が全く自由なのに比べて、軟式はそれよりもいくらか制限されている。やや一体化した「京都へ行ケバ、都踊リヲ見物（スル）」というおきまりのコオスが、そのコオスのままに活用するというふうである。

「京都へ行ケバ都踊リヲ見物シ」タ。

が過去の習慣を表すのは、そのような当然関係全体が完了時におかれるからだろう。

条件法はしばしば選択の形を取る。

天気ガヨケレバ庭デ草ムシリヲシ、雨ガ降レバ室内デ書物ノ整理ヲシタ。

それから、条件の意味はなくても、中立法や終止法よりもやや緊密な並列に使われる。

花モ生ケルシ、茶モ立テル。　　（終止法）

花モ生ケ、茶モ立テル。　　（中立法）

花モ生ケレバ、茶モ立テル。　　（条件法）

甲ハ乙デモナケレバ、丙デモナイ。　　（　同　）

条件法と条件法相当とを合せると、次の六つの形がある。

スレバ　　（基本条件法）

シタラ　　（完了条件法）

スルナラ　　（組立て条件法）

スルト　　（終止法＋接続助詞）

シテハ　　（中立法の提示法）

シテモ　　（同、譲歩の提示法）

文法はこういう形式の意味を明らかにしなければならないが、その場合に係りとしての硬軟の程度を合せ考えなければならない。文法的意味は、動的構文論的なはたらきを見なければ十分明らかにならない。「スレバ」は代表的な軟式であったが、「シタラ」はそれより硬く、「スルナラ」はさらに硬い。あとの三つは反対に軟い。

スレバ――起りそうか否かをたな上げのある事が起レバ（後半に対しては当然の関係）

シタラ――起りそうな事、または起りそうにない事が起ッタラ（後半に対しては関与、または因果の関係）

スルト――起りそうな事が起ルト（後半に対しては不関与の関係、不明の関係）

「モシ」の最もつきやすいのは「シタラ」である。そしてその方向の、つまり仮定万一のシタラは活用形自身に重みがかかるから、後半との間が割れて硬式になる。起りそうな事が起ッタラ軟式だろう。

イズレ読ンダラ売ッテシマウ本

係りだけで中止して希望やすすめを表わすのもこの形である。

早ク来テクレタラナア！

早ク行ッタラ（ドウ）？

後半を疑問文にしてみると、「シタラ」と「スルト」の違いが出てくる。

モシ降ッタラ、ドウスル？

モシ降ルト、ドウナルダロウ？

「スルト」は意外な結果、困った結果を導くことも多い。

組立ての「スルナラ」（「シタナラ」は「シタラ」と同価）は、「スル気ナラ「スルハズナラ」などの縮まったものと見なすことができる。ほとんど硬式で、連体法には収まりにくい。一般に準用詞との組立て用言は硬い。

降ルナラ降リャガレ！

の傍線へは、「降レバ「降ッタラ「降ルト」のどれをも代置することができない。しかし、もちろんこの形には他の形を代置できる用法もないことはない。

提示法の意味は次の文例から理解されたい。

三越ヘ行ッテハねくたいヲ買イ、丸善ヘ行ッテモねくたいヲ買ウ。

一ツオ買イニナッテハ、ドウデス？

ソンナコトニナッテハ、大変ダ。

ソンナコトニナッテモ、ヨイカ？

（タトイ）雨ガ降ッテモ、決行ダヨ。

条件法から提示法へ

提示法は中立形＋係助詞という形式だから、次いで名詞＋係助詞をも同じ名前に含めなければならない。用言の活用形に与えるはずのムウドが少し拡張されることになる。

条件法	提示法	譲歩の提示法
雨ガ降レバ	雨ガ降ッテハ	雨ガ降ッテモ
鯨ガ魚デアレバ	鯨ガ魚デアッテハ	鯨ガ魚デアッテモ
鯨ガ魚ナラ	鯨ガ魚デハ	鯨ガ魚デモ
鯨ナラ	魚デハ	魚デモ
—	魚ハ	魚モ

「ナラ」や「デモ」は係助詞に入れられることもあるくらいで、かなり形式化しているが、

それらから「ハ」や「モ」へは今一息である。

条件法　魚ナラ、卵生ダヨ。

提示法　魚ハ、卵生ダヨ。

この「魚ハ」は、提題された「魚」についてあまねく行渡る（周布）と言われるもので、「魚ト言ウモノハ」とパラフレエズされる。周布だけ伏せれば、「魚ニツイテ言エバ」と解釈してもよい。いずれにしても、動詞「言ウ」を内に秘めているものと見られる。

「Xナラ」には二つの場合がある。包摂判断の「甲ハ乙ダ」の乙が残る場合と甲が残る場合である。

乙　（彼ガ）幹事ナラ、相当忙シイハズダ。

甲　彼（ガ幹事）ナラ、ウマクヤルダロウ。

この二系列に応じて、「Xハ」にも二種類ができる。「Xトイウモノ（ヒト）ハ」と「ソノXハ」とである。

幹事（トイウモノ）ハ、相当忙シイハズダ。

（ソノ）彼ハ、ウマクヤルダロウ。

「Xナラ」はまだ半ば相手のものである題目、「Xハ」は完全に話手のものである題目と言えよう。このような条件法から提示法へと高まる心理を反映する表現は、

Xサンデスカ？　Xサンナラ……Xサンハ、サッキ出テ行キマシタヨ。

条件法「Xナラ」はむろん軟式である。提示法も「降ッテハ」「Xデハ」「Xデモ」「Xモ」は軟式である。ただの「Xハ」だけは硬式であって、連体法に収まらない。このことは、しばしばそう説かれている。

しかし、「Xハ」も連体に収まる場合がないことはない。どころか、かなりしばしば軟式になる。それは、「Xハ」の前段階ともいうべき「Xナラ」に近い意味の時と考えられる。

英語ノデキル生徒（普通の言方）

英語ハデキル生徒

後者は「英語ナラデキル生徒」と言うのに近いが、条件法は裏の「英語デナケレバ（英語以外ハ）デキナイ」を喚起しやすく、それが強まれば、

英語ダケハデキル生徒

の意味に近くなる。これが「Xハ」の硬軟を分ける標準になる。

日本語のサマ（modus）の最も顕著なあらわれは用言の活用形であるが、次いでは題述関係の題目にあらわれる。そして両者が広義のムウドとして連絡づけられた。むろん「ナラ（バ）」から「ハ」への今一息のギャップは埋められないから、全く同じカテゴリイには入れられないが、「ハ」は「バ」の極限のような位置にあるとは言えるだろう。定言的な「ハ」と仮言的な「バ」との形が似ていることは日本語の特徴と言ってよい。この二つのモルフェムは、恐らく語原的にも近いのである。

五、ムウド総括

終止とノン終止

用言（動詞、形容詞、準用詞）の活用形をもとにしてムウドを数えたが、なおそれに準じるものとして、少しばかり用言を含まないムウドも付加えた。ほかに間投法として一括されているものも、必ずしも用言を含まない。

間投法以外の終止法の分類表を、もう一度掲げる。

- 直叙法（indicative）
  - 平叙法（declarative）
    - 確言法（assertive）
    - 推量法（conjectural）
  - 疑問法（interrogative）
- 命令法（imperative）

推量法には、

意向　行コウ　　行クマイ（使用少）
推量　行クダロウ　行カナイダロウ

という分業が成立しつつあるが、ムウドの名前としては「シヨウ」と「ダロウ」とを合せて推量法と呼ぶのである。これを二つの名前で呼び分けるのは不経済である。文章では今でも「シヨウ」で推量を表すことが少なくないし、そしてそれは動詞の語囲的性質（能動、所動）によって誤解も起しはしないし、また「ダロウ」から「アロウ」が還元されることもあるから。

学者デハアロウガ、……の「アロウ」は「行コウ」と同じ名前の活用形でなければならない。

次にノン終止、すなわち途中に使うものとしては、

ムウド以前		――――不定法	陳述　0
ムウド	他律的	――中立法	陳述　$1/4$
	自律的	――条件法など	$1/2$〜$3/4$

不定法の大部分は、それを受ける準用詞の活用形次第で終止になったり、またいろいろの係りのムウドになる。他律的（他力本願）な中立法も助詞がつけば、たとえば「行ッテハ」となれば、もはや自律的なムウドになる。自律的なノン終止のムウドとしては、条件法以外に、終止法＋接続助詞もあるし、提示法もある。連体法を含む提示法もある。

モシ、雨ガ降ッタラ《条件法》、ドウスル？

モシ、雨ガ降ッタ時《連体》ニハ《提示》、ドウスル？

これら二つの係りは、意味もほとんど同じだし、このように「モシ」のついた形ではともに硬式である。

準詞のムウド

「ノデ」と「ノニ」とは、それぞれ一形の準用詞であるが、形の上では次のような対応が見られる。

元気ダ（終止法）　病気ナノダ。

元気デ（中立法）　病気ナノデ、

元気ニ（連用形）　病気ナノニ、

「ノデ」「ノニ」を「ノダ」の活用形と見立てて一括しようというのではないが、各形ばらばらながらそれらの占める位置は、やや右の表の示すあたりだと思われるのである。「……テ、……テ、……」と中立法を並べて作文する子供がいるものだが、山下清流では「……ノデ、……ノデ、……」となる。

ホントウニ病気ナノデ（ノダの中立法）、仮病デハナカッタ。

病気ナノデ（一形の準用詞）、出席デキナイ。

一方は「ノデアッテ」と引伸ばしできるが、他方はそうできないから、もはや別語ではあるが、初めの「ノデ」は中立法であり、後の「ノデ」は中立法相当の独立準用詞であるというくらいな類似は認められよう。そしてこのような中立法と中立法相当とは、どちらも軟式である。

さっきの表を使えば、「元気デ「元気ニ」が単式であるのに対し、「病気ナノデ「病気ナノニ」は軟式である。一段ずつ硬い。一般に、準用詞のある活用形は、動詞の同じ活用形よりもより硬いのが普通である。

渡辺実さんは、助動詞（準用詞）を相互承接の順序によって次のように分類された。

	第一段	第二段	第三段
体言にも続く	ダ	ラシイ	ダロウ
用言だけに続く	セル　レル　タイ　ソウダ	ナイ　タ	ウ
		マイ	

上ほど dictum 的であり、下ほど modus 的である。それに応じて、活用も上ほど活発であり、下ほど不活発であって、ついに活用をやめて第三類はいわゆる不変化助動詞である。（不変化助動詞を私は活用語尾に編入してしまうが。）同じく連用形であっても、

男ラシク（接尾辞）白状セヨ。

犯人ハアノ男ラシク（準用詞）、事件モ大詰ヘ来タ観ガアル。

の二つの「ラシク」が下を拘束する力には弱強の差があり、前のは単式であるが、後のは少な

くとも軟式の程度だろう。

単なる条件法「行ケバ」は軟式であるが、自立形（不定法）＋準詞条件法の「行クナラ」は硬式である。ただし、名詞＋「ナラ」は軟式であろう。一般に準用詞は硬化作用を持つと言える。島田保さんの「ごく大体に言へば接続助詞や吸着語などを下接するものでは陳述動詞的な性質が比較的強く」を再引用するが、いわゆる接続助詞のあるものは私の準用詞であるし、吸着語は添名詞から準詞への過渡的状態を指すのである。やはり、準詞の硬化作用を指摘されたとも解釈できる。

準詞を含むにせよ、含まないにせよ、用言部は語幹的な dictum と語尾的な modus から構成されていると考えられる。中でも、実質的な観念（山田の属性観念）を表わすカナメは上端にあり、陳述のキメ（the finite）は下端に来る。カナメを一重線、キメを二重線で示せば、

雨ガ降ッタ。

雨ガ降ッタンダ。

雨ガ降ッタラシイデスヨ。

雨ガ降ッタカモ知レナイジャアリマセンカ？

日本語の用言部は下へ下へと水増しアメ伸ばしに伸ばされる性質があるから、逆に、カナメとキメだけに縮めて取扱う必要がある。これは教育上その必要がある。

雨ガ降ッタカモ知レナイデハアリマセンカ？

（副詞句　不定法　不定法　提示　中立　添詞　準詞　準詞　疑問法）

この中の「知レナイ」は impersonal である。これは、全体が割りに一体化しているが、次のような引伸ばしはそうでない。

シカジカト言ッテモ言イスギデハナカロウト思ワレマス。

これに補いをつければ、

シカジカダト、ダレカ（たとえばワタシ）ガ言ッテモ、ソレ（ソウ言ッタコト）ハ言イスギデハナカロウト、ワタシニハ思ワレマス。

という複雑（complex）な構文になる。しかし、効果から言えば、「言イスギデハナイ」も「思ワレル」もほとんど impersonal である。要するに、「シカジカダ」と主張しているにすぎない。

要するに、「雨ガ降ッタ」または「シカジカダ」を肯定しているか否定しているか、そしてその重みはどの程度（確言、推量、疑いなど）かということに帰着する。ニュアンスを消して、伝達内容だけを考えればそういうことになる。投書欄の「ト思ウノハハタシテ私一人ダケデアロウカ」も、たいていあらずもがなである。と文句をつけたく思っているのは、はたして私一人だけであろうか!?　要するに、日本語にはニュアンスだけの引伸ばしが多いから、教育上は、センテンスも要約して取扱う必要がある。

発言のムウド

動詞「言ウ」を使ったムウドには、次の二系列が考えられる。

中立法の係り

甲　卒直ニ言ッテ、反省ヲ促セ。

乙　卒直ニ言ッテ、君ハ努力ガ足リナイ。

条件法の係り

甲　卒直ニ言エバ、気ヲ悪クスルカモ知レナイ。

乙　卒直ニ言エバ、君ハ努力ガ足リナイ。

終止法の係り

甲　卒直ニ言ウガ、割リニ相手ヲ傷ツケナイ。

乙　卒直ニ言ウガ、君ハ努力ガ足リナイ。

乙の係りは、言切りの「足リナイ」に対して普通の係り方をしていない。普通の係り方を強いて文面に回復してみれば、次のようにでもなるだろう。

卒直ニ言ッテ、「君ハ努力ガ足リナイ」ト言オウ。

卒直ニ言エバ、「君ハ努力ガ足リナイ」ト言ワザルヲエナイ。

卒直ニ言ウガ、「君ハ努力ガ足リナイ」ト言ウヨ。

セリフを「ト言ウ」のはきまりきっているから、それだけ後略されて、乙のように表向き呼応の合わない表現ができるのである。

言ウマデモナク、甲ト言イ乙ト言イ、甲ト言ワズ乙ト言ワズ

ドチラカト言エバ、言ッテミレバ、言ワバ、ユウナレバ

タトエテ言ウト、言換エルト

このような係りの受持つムウドを発言のムウドと名づけよう。すべて係りであるし、また

「言ッタ「言ッタラ」の形は使われない。むろん後略によってもとの係り先を失っているものに限る。次のように正常な呼応を示す場合は、発言のムウドではない。

　言換エレバ、言換エラレルモンダネ。

　タトエテ言ウト、抽象的ナ事柄モワカリヤスクナル。

英語にも類似の形式 (absolute construction) がある。

　Shortly *speaking*, he is a simple-minded fellow.

　（一言デ言ッテ、彼ハ好人物サ。）

これは普通の分詞構文と違って、主語 he が speak したのではない。という呼応外れが日本語の場合と似ている。その他

　strictly speaking, I dare say, that is to say, to tell the truth, in a word,

　according to one's opinion,……

などがあり、すべて utterance に縁のある単語を含んでいる。日本語にも「言ウ」や、その意味の単語を含んだ形式がいろいろある。

　早イ話ガ、話ハ違イマスガ、チョット伺イマスガ、タトエ（レ）バ、トハ言エ、（ソレ）

カト言ッテ、彼ノ意見ニヨレバ、……

「ト言ウ」諸形に次いで「トスル「ニスル」も発言のムウドに近いものを作るようである。

タトイ少々酔ッテイタニ（モ）セヨ、アンナヒドイコトヲ言ウ法ハナイ。

準用詞のムウドには硬化作用があったが、発言のムウドは呼応外れを起し、しばしば主文から外れそうになる。ただの硬化とは違う。

間投法の語句がそうであるような、半ば遊離的な係り（漠然たる係り方）を遊式として一式ふやせば、発言のムウドには本筋とワキ筋との中間に立つようなのができる。

- 本筋
  - 単式……………中立法 ｝連体に収まる。
  - 複式
    - 軟式……条件法 ｝連体に収まる。
    - 硬式……終止法
- ワキ筋（aside）………間投法

六、構　造　式

立　木　式

自分の考えの孫引きになるが、上甲幹一さんの文章を使わせていただく。立木式というのも上甲さんの命名である。

……これが連体修飾語で、これが連用修飾語などとやり出すと、そのうち、先生自身がわからなくなってしまって、大ぜいの児童の前で目を白黒立往生というハメにおちいりがちなことだ。バカバカしいことである。そんなアブナイことをするより、そうしたときには、簡素な「立木式」分解法を使うことをすすめたい。立木式というのは、文法学者三上章氏が、かりに「立木の姿」にたとえた分解法で、たとえば、

モシ　雨ガ　降ッテ　集リガ　悪ケレバ　行先ヲ　変エヨウ。

という文があるとすれば、次の図のように、上の方に枝を張った立木の姿に分解して示す方法である。

（参照・講座日本語第2巻、大月書店）

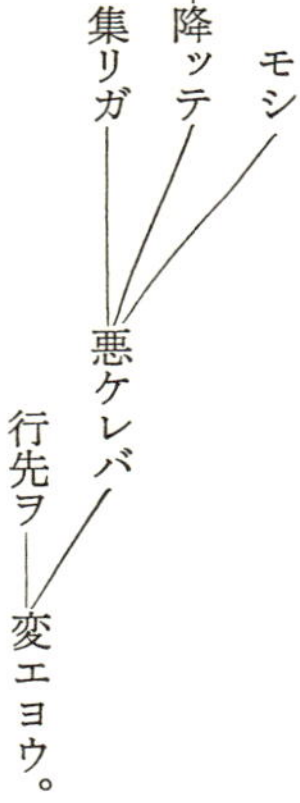
モシ
雨ガ
降ッテ
集リガ
悪ケレバ
行先ヲ
変エヨウ。

この方法によれば、別に連体修飾だの連用修飾だのという術語を使わなくても、語と語（じつは文節

と文節）とのカカリウケの関係が一目でわかる。三上氏の論はなかなかむずかしい論なのだが、小学校の学習指導の現場としては、論の方へ深入りする必要はない。三上氏の説明によれば、「ごらんの通り、上方に枝を張った立木の姿になります。もっとも枝の張り方は左右均斉ではなく、上下にとおって、いわば幹にあたる大枝は概して右側にあり、その他の枝々が左側に茂るのが普通」だという。こうした図で示せば、文におけるカカリウケの構造とか、その文のいちばんたいせつな部分はどこだとか、もっと簡潔に言うとすればどの部分を省けばいいか、とかいうようなことを、木の枝はらいにたとえてやさしく説明できよう。小学校の段階では、この程度の分解が適当なのではないか。この式なら、先生が大ハジをかく危険はない。ただしことわっておくが、この程度の文だったら、小学校中学年程度の児童でもヤスヤスと理解してしまうから、意味をとるためにワザワザ立木化する必要はない。「立木式か、オモシロイ。さっそくやろう」などと、文を一々立木にする必要もない。そんな時間つぶしはもったいない。ましてや、こういう立木を作ってみるなどと、応用問題を出して児童にやらせるなどクダラナイことだ。例に使ったようなやさしい文ではなく、もっともっと複雑な文に、不幸にして出会い、児童にはどうも意味がつかめそうもないようなときに、はじめて、立木式に分解してみせるだけでよい。要するに、立木式も、小学校の現場では、あくまでも文理解の一手段として利用すべきであって、三上氏がねらっている「連語論」の基本問題までウンヌンする必要はさらにない。

むしろ有害無益である。（ことばの教育五十九年三月）

私の論のむずかしさ（!?）については反省これを久しうしているが、立木式と名づけられた構造式は、まず研究用であって、相当研究の後に教育的価値も出てくるのである。

その価値は、ある程度以上に複雑な文において発揮されるわけであるが、研究の順序は、簡単なものから複雑なものへでなければならない。

さて、ありふれた簡単な文なら、だいたい立木化できそうな見込みであるが、しかしやはりいくらか約束が要る。たとえば「モシ」は「悪ケレバ」より前でさえあれば、どこへ置いてもよい。

雨ガ――降ッテ
　　集リガ
　　　モシ――悪ケレバ、

これらと比べてみると、最初の立木を次のように改めることもできる。

モシ
雨ガ――降ッテ
　　集リガ――悪ケレバ、

このように係り係られの結びつけが一定しないのは、いわゆる陳述の副詞「モシ」が高級（？）だからである。次の枝ぶりは特に不安定である。「モシ降ッテ」はまだいいが、「モシ降ッタ」はおかしいから。

モシ
雨ガ――降ッタ――時ニハ、

遊式（間投詞、間投句、それに接続詞？）は、普通の係りではないから立木の枝をなさない、あるいはなしにくいが、硬式の語句の中には遊式寄りでどちらかはっきりしないのがある。そういう語句の処理には迷わされる。漠然と全体に係るといったような語句(遊式と硬式の一部)が困るのである。

主述は不要

立木式は、日本語の構造から自然に導かれる図式である。

関根俊雄「文章法序説」も構造式の研究である。関根さんの構造式は、橋本進吉の方式（国語学第十三—四合併号）を継いだものである。

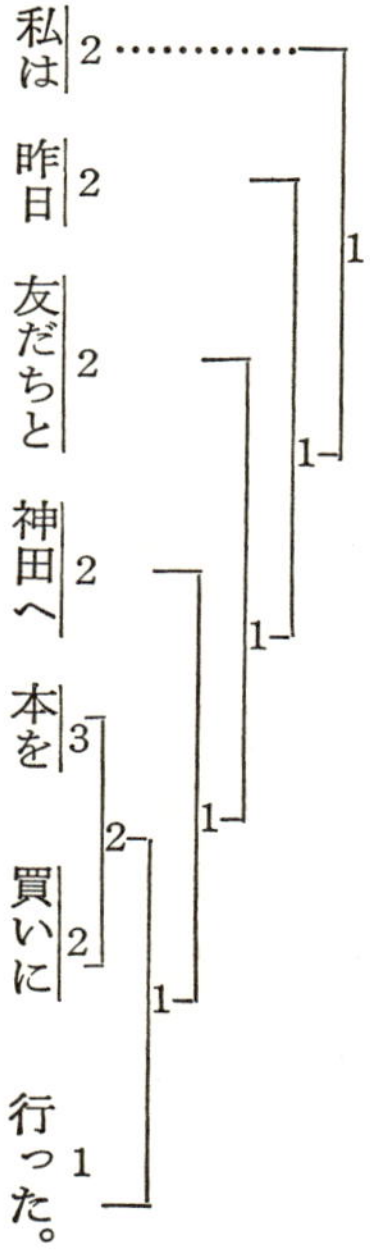

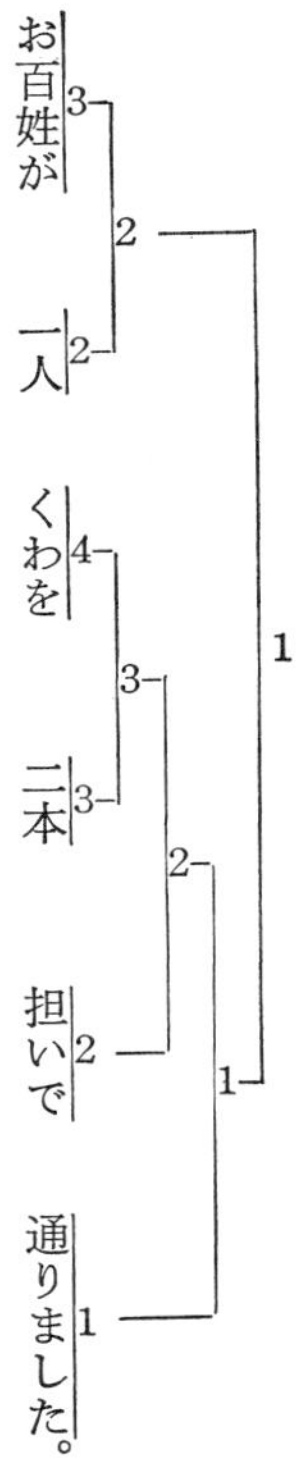

私の立木式は、これを平面配置に翻訳しただけのものである。

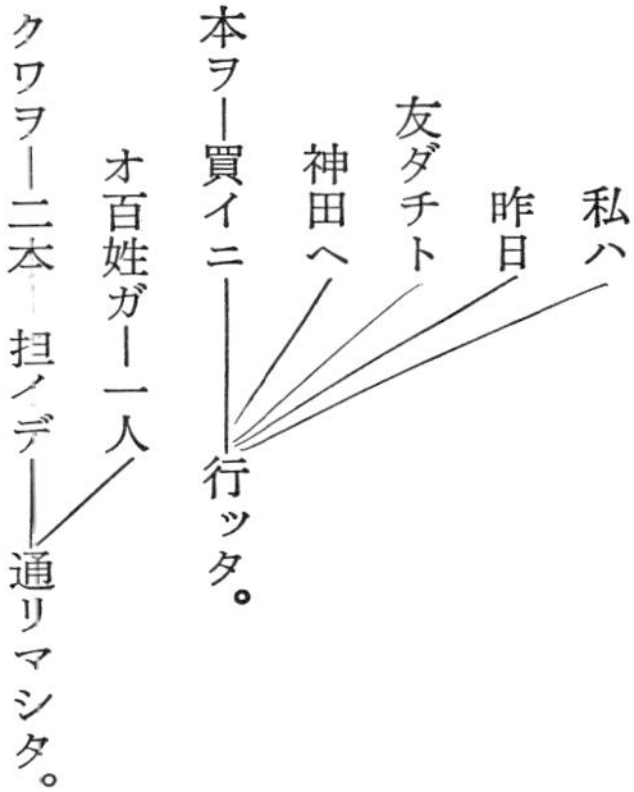

結果は一致しているけれども、思いつきの次第は無関係であった。私がまだ文節も連文節も知らないころ、雑誌で見かけた文章に一読わかりにくい部分があったので、平面配置を試みた

ことがあったが、起原はそこにあった。そのテキストは宇野浩二「青春期」（四十一年）の一節である。

> ともの家は赤坂の新町で、五六年前から、かなり大きな素人下宿をしてゐた。それは主に母のつねが営んでゐた。
>
> つねは夫がまだ棟梁として幅をきかしてゐた時分に、ふいに、後家になった、妹のやすが、子がなかったので、下宿の権利を売って田舎に引っこむといふのを止めて、その権利を条件つきで買とった。条件といふのは、その頃、二十才と十六才であった、娘の、ともときたを女中に使ひ、やすは、元どほり、お上として働き、下宿の上がり高を、姉妹で、山分けにするといふ事であつた。

これを読んで紙ぎれに書止めておいたのが、次ペエジに掲げる平面配置である。長い間うちやってあったのであるが、これに改良を加えて行けば、自然に立木式になる。

まだ明リョウな小節（文節）の概念を使っていないが、この平面配置において、すべての係り先をできるだけ下方の小単位に求めようとすれば、次第に小節に近づいて行くはずのもので

ツネハ
夫ガ
マダ
棟梁トシテ
幅ヲ
キカシテイタ時分ニ
フイニ
後家ニ
ナッタ
妹ノ
ヤスガ
子ガナカッタノデ
「下宿ノ権利ヲ売ッテ
田舎ニ
引ッコム」ト
イフノヲ止メテ
ソノ権利ヲ
条件ツキデ
買トッタ。

条件トイウノハ
ソノ頃二十才ト十六才デアッタ
娘ノ
トモトキタヲ
女中ニ
使イ
ヤスハ
モトドオリ
オ上トシテ
働キ
下宿ノ上ガリ高ヲ
姉妹デ
山分ケニ
スルトイウ
事デアル。

ある。

硬式の提示法「Xハ」を特別扱いをしているが、これは次のように処理するほかあるまい。

ツネハ
……イウノヲ―止メテ
ソノ―権利ヲ
条件ツキデ―買イトッタ。

条件ト―イウノハ
……使イ
……働キ
下宿ノ―上リ高ヲ
姉妹デ
山分ケニ―スルト―イウ―事デアッタ。

「Xハ」をどこへ係らすかはいくぶん約束次第である。これは直接の係り先を越えて、さらに下まで係って行くことを承知していなければならないし、また概して右側にあるが、それより左側の枝へ影響を及ぼすことをも承知しておかなければならない。

構造式においては、主述関係は全く用をなさない。ということには、橋本も当然気がついたし、関根さんもご承知である。関根さんは、いわゆる主語が連用修飾語のうちの一つであることを認めながら、なにぶん大切なので特に重視するために主語の名を残したいと言われるのである。人情論である。いわゆる主語を正当に重視するのに必要で十分なのは、主の字を残した主格である。

関根式と比べての立木式の特徴は、一目リョウ然とすること、必要がなければ小節ごとに区切らなくてもすむこと。

主述は不要以上

構造式は自然に考えつかれるものである。他の人たちの考案を引合いに出そう。

①つれづれなる○まま○に
②日ぐらし○すずり○に○向かひ○て
(われ)――⑤書きつくれ○ば
③心○に○うつりゆく○よしなしごと○を
④そこはかとなく
(書きつくる○こと)――⑦ものぐるほしけれ。
⑥あやしう○こそ

(白石大二「徒然草」五十五年)

これは小節でなく単語で切って○印が入れてある。主格(括弧内に補う)と述語とを中央の一直線上に配置する必要上、語順は左へ行きすぎたり、右へ戻ったりである。つれづれなるままに右往左往してるんだろう。

永井千司さん(岐阜県多治見市昭和小学校)が「ことばの教育」五十八年五月に載せられたのも右往左往式である。材料は六年生教科書の「オリンピックの思い出」であるが、ここには初の四文だけ取上げる。

オリンピック競技には、古代のものと近世復興のものとの二つがある。
古代オリンピックは古代ギリシアの祭典の一種で、四年に一度ずつ開かれた。その祭典競技の行われるときには、各方面に平和が宣伝された。たとえ、戦争があっても、競技の行われる一か月間は、それが中止されたということである。

二一二ぺに永井式を、二一三ぺに私の立木式を掲げるから、よく見比べていただきたい。

永井式は、いわゆる主語と述語とをご苦労にも長方形で囲んで中央に据えているが、これが最もいけない。このために語順が大いに乱れ、右往左往もはげしければ、上下さえ逆になっているところがある。永井先生には気の毒であるが、私の方では、初等教育界にはびこっている俗説を非難しているつもりである。

四文とも有題（二重線の助詞で示す）であり、各文の題目は概して最右側にあって構文の幹を形作っているのである。第四文の題目だけは最右側でないが、「アッテモ」と「一カ月間ハ」の両枝を交換して、より正規な姿に直すことができる。アタマとカラダのたとえのアタマに当るものはこれらの題目である。その格は、一、位置格、二、主格、三、位置格、四、時の格というようにいろいろである。第二文の「古代おりんぴっくハ」だけ、題目と主格とが一致しているため、右往左往式もどうにか落第をまぬかれているという程度である。

無題の単純補足語「Xガ」は、立木式でも述語の真上に来ている。立木式が正しくて、簡単で、わかりやすいのは、主述関係というものを正解（すなわち否認）しているからである。

構造式の統一

構造式の価値は未知数であるが、いろいろの役に立ちそうに思われる。部分的には、用語を簡潔にするのに役立つかも知れない。たとえば、両義に取れる文の両義を区別するのに、

W刑事ハ
血マミレニナッテ逃ゲダシタ賊ヲ
追イカケタ。

W刑事ハ
血マミレニ
ナッテ
逃ゲダシタ賊ヲ
追イカケタ。

の相違を簡単に言い表わすには、「W刑事ハ」と「ナッテ」とがパラレル（並列）かシリイズ

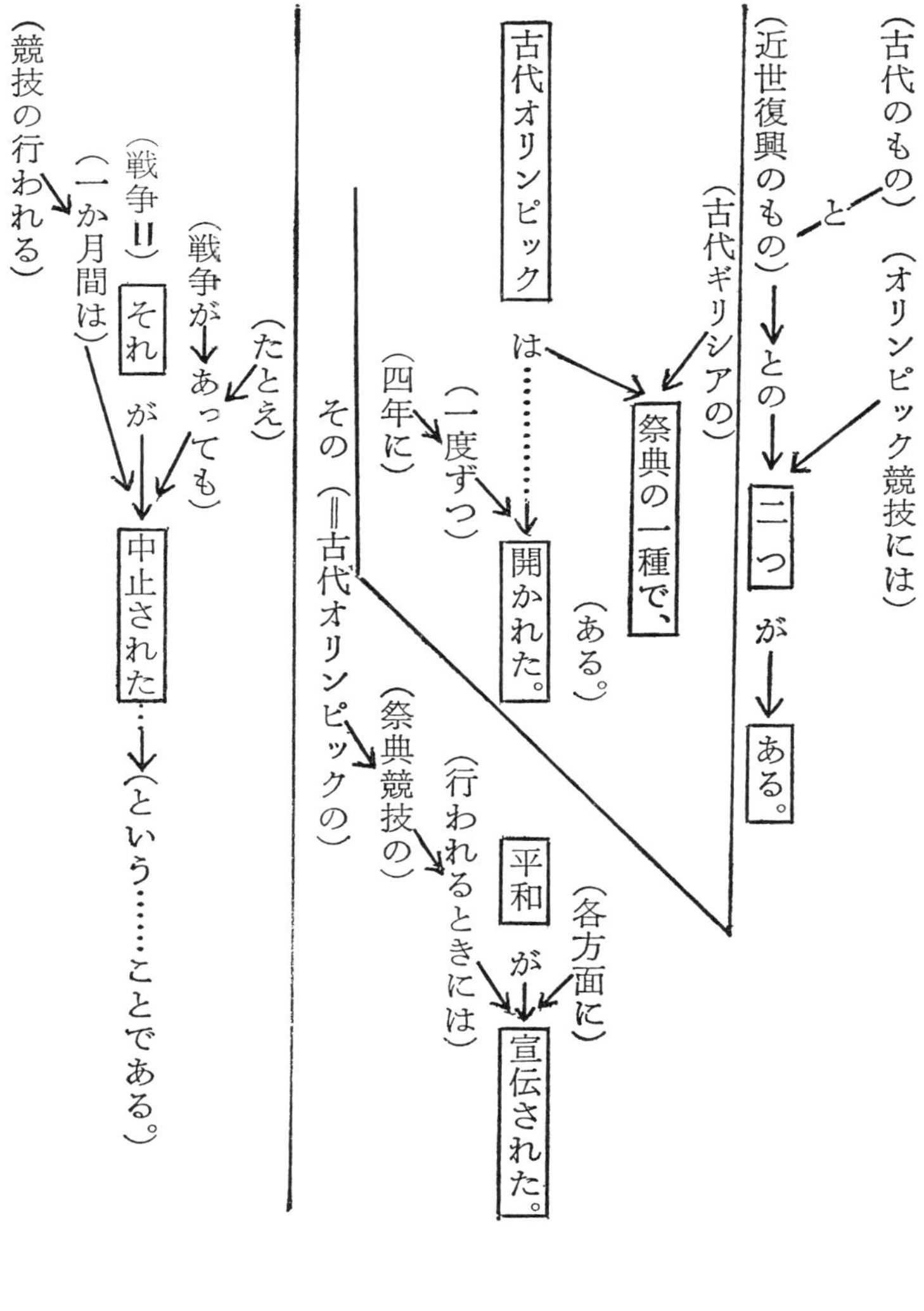

（古代のもの）
と
（近世復興のもの）
との
（オリンピック競技には）
二つ
が
ある。
古代オリンピック
は
（古代ギリシアの）
祭典の一種で、
（ある。）
（四年に）
（一度ずつ）
開かれた。
その（＝古代オリンピックの）
（祭典競技の）
（行われるときには）
平和
が
（各方面に）
宣伝された。
（たとえ）
（戦争があっても）
（戦争＝）
それ
が
（競技の行われる）
（一か月間は）
中止された
（という……ことである。）

一、

おりんぴっく競技ニハ

古代ノモノト

近世復興ノモノトノ二ツガアル。

二、

古代おりんぴっくハ

古代ぎりしあノ祭典ノ一種デ

四年ニ一度ズツ開カレタ。

三、

ソノ祭典競技ノ行ワレルトキニハ

各方面ニ

平和ガ宣伝サレタ。

四、

タトエ

戦争ガアッテモ

競技ノ行ワレル一カ月間ハ

ソレガ中止サレタトイウコトデアル。

（直列）かを言えばいいわけである。

上甲さんの言われるように「文におけるカカリウケの構造とか、その文のいちばんたいせつな部分はどこだとか、もっと簡潔に言うとすればどの部分を省けばいいか」なども説明できそうな見込みである。今後の研究によってそれができそうであるから、そういう方向へ研究を進めなければならない。

多くの文例を立木化してみなければならない。簡単に処理しにくい場合もちょいちょい出てくるかも知れない。それから立木の姿、つまり枝々の茂り方による文型の分類も可能であるし、必要である。安定な立木と不安定な立木というような違いも見つかるだろう。枝の茂り具合にも、望ましいのや望ましくないのがあるはずである。

概して右側を通る幹以外の、左側の枝が茂りすぎたものが悪文であることは容易にわかる。日本語の構文にあらわれやすい欠点というものも、立木の姿として規定することができる。たとえば、主語と述語とが離れすぎて困ると言われる。その模範例は憲法前文の第三パラグラフである。

ワレラハ、イヅレノ国家モ……（二十数小節略）……責務デアルト信ズル。

主述の離れすぎの前に、まず第一に、述語が最後に来ること（文末決定性）が困るのである。センテンスばかりでなく、フレエズでもその性格をきめる語詞は句末に来るのである。さきのパラグラフは、長たらしい文は困ることが多い、という意味で困るのである。

第二に、もちろん「ワレラハ」と「信ズル」とが離れすぎていることも欠点であるが、これは係りと係り先との離れすぎというふうに言い表わすべきである。この欠点だけを除くには、次のように語順を訂正すればよい。原文は左側の枝がものすごく重たいが、訂正文はそうでない。

　　　ワレラハ
シカジカウンヌンデアルト——信ズル。　（原文）

シカジカウンヌンデアルト
　　　ワレラハ——信ズル。　（訂正）

これで少しはましになるが、第一の欠点は依然として残っている。第一の欠点をも除くには、たとえば次のようにする。

ワレラハ信ズル、シカジカウンヌンデアルト。

ワレラノ信ズルトコロニヨレバ、シカジカウンヌンデアル。

主語と述語との間があきすぎて困るという困り方は、以上のように二個条に分けて困るべきである。第二欠点の係りと係り先との離れすぎは、次の場合にも成立つから係りを主格に限定しておかない方がよい。無題の「Xガ」の方はそう離れはしないから、むしろ題目と述語とが離れすぎると言い表わす方が実際的でもある。

ワタシニハ、イズレノ国家モ…………責務デアルト思ワレル。

向って左側の枝を重く茂らせるものは、ここに上げたような引用文形式「シカジカウンヌン」であり、次いで「血マミレ……賊」のような連体句（名詞句）である。引用文形式にすべて引用符を施す習慣ができれば、憲法原文のままでも、そう読者を難儀がらせないですむはずである。

研究その他の便宜から言って、構造式は一式に統一されていることが望ましい。立木式は最も素直な構造式だと思われる。これは特に私の創意に出たものではない。だいたいこの程度のものに priority も何もないだろう。「解釈と鑑賞」五十九年六月で、渡辺実さんは樺島忠夫さんの構造式に賛意を表しておられる。樺島「文の構造について」（国語国文五十四年三月）は私より早いのであり、その構造式は立木式と大同小異である。当然である。

創始者を必要とすれば、橋本進吉としてもよいし、もっと古いところで本居春庭（関根俊雄「春庭文論の検討」国学院雑誌五十三年十一月）としてもよい。

あとがき

再校の際、あとがきをどうするかと言われて、予定外だったが、最近の一問題を取り上げたくなった。

「国語教育」先月号の問題提起「現場の文法指導はなぜ進展しないか」（五十嵐三郎）によると、札幌に、「主語というのはおかしい、修飾語というべきではないか」と質問する中学生たちがあらわれたそうである。初めはちょっと付け焼刃かと思ったが、あとに続く「明日は天気が　よいだろう」の論争を読むと、どうしてなかなか恐るべき中学生であることがわかる。だから五十嵐さんも、主語・述語という名称を何とか改めたいと書いておられる。

提起を受けて意見を書いた五氏のだれも改称問題には触れておられないが、この問題は、五氏も含めて多くの人々に考えてもらいたいものである。ちょうど意見中に出てくる実例を分析してみよう。

例としてあげられた「あすは、天気がよいだろう」論争は、結果はよいが、主語の考えかたに、わたしは異議がある。（松山市造）

普通の分析では、それぞれ主述関係がダブっている複文（日本語独得！）二つが逆接の重文になっているのだろう。と思ったら、松山さん自身左のような重文だと解釈された。

天気論争ハ《修飾語》、結果ハ《主語》ヨイガ、

主語観ニ、ワタシハ《修飾語》異議ガ《主語》アル。

これはすぐれた解釈であって、今一息で主述関係否認になる。今一息だから、「天気論争ハ」は前半だけに係るのでなく、後半も含めた全体に係っていることに気づかれたい。わたしも、この文が二つのコトから成ることは認める。それは、

(1)　天気論争ノ結果ガヨイコト

と、今一つは松山さんと同意見の乙型「ワタシニ異議ガアル」の

(2)　ワタシニ、天気論争ノ主語観ニ（対シテ、または対スル）異議ガアルコト

の二つである。そして両方に共通な「天気論争」が全体の題目として取り立てられているのである。日本文法から「主語」や「主述関係」がやがて姿を消すだろうことに、わたしは全然疑いを持っていないが、やがては早ければ早いほどよろしい。

'59 n　10 gt　15 nt.

付録

い。フジの花にはフジ色のが多く，白いのが少ないと思われるが，だからフジ色という名前もできたのだろうが，しかし，ムラサキ（フジ色）をもってフジの花を定義してはならない。

(M. Pei: *Dictionary of Linguistics*)

英文法には，このような主体を言い表わす特別な用語がない。Ｓと合同になるから別の用語を必要としなかったのだろうが，概念としては区別する必要がある。私は，英語の語感が鈍いのを幸い，文面にあらわれる主体を doer または be-er と呼ぶことにしている。Fries の文例について言えば，

The *dean* approved all our recommendations.

One *difficulty* is the size of the trees.

The *abstract* is very bulky.

The *requistion* was sent over a week.

Mr. W——was given the complete file on——.

のＳは順々に doer, be-er, be-er bulky, be-er sent, be-er given である。簡単のために，文法上は be-er を doer に含めたい。動詞の代表はやはり do であるし，西洋人の発想法は，せんじつめれば Someone does somthing だという説明（泉井久之助）もあるくらいだから。

Ｓと題目との関係は統計的である。Ｓは題目であったりなかったりするが，Ｓが題目である場合とそうでない場合とを比べれば，前者が優勢であるかも知れない。doer は（特に be-er は），time, locality, goal などよりも早く念頭に思い浮べられやすいから，題目になるチャンスに恵まれているのである。

しかし，Ｓの定義へ題目の観念をまぎれこませてはいけな

No other little girl ever fell in love with you, did there?

There can be no mistake.

There seems to be much merrymaking here.

There does not appear to be much intelligence in this head.

There happen to be two foreigners in our class.

Are there any cherries left?

In these pictures, there are expressed very modern feelings.

There is but we two. (Chaucer)

None of these people will help me; but there is you.

……and Louise needed all the rugs* there were to keep her warm. (S. Maugham)

以下はつけたりであるが，Ｓは何を表わしているかと言えば，むろん主体である。すなわち過程や性質の担い手である。

SUBJECT: The agent performing the action expressed by the verb in an active sentence or by a reflexive verb, or on whom or which the action of a passive sentence is performed.

---

* Ｓでない関係代名詞はしばしば省略される。

test の imply する法則の価値に比例して，その程度に S の判定は有益である。もしキメ手がなければ，むろんA，Bのどちらを S だとも言えない（不能）わけであるが，大切なことは，そういう場合には S をきめること自身が無益である――ということに気づかなければならない。That's it の S をきめることは，不可能であり，同時に不必要なのである。

英語を読むにも書くにも話すにも，何ら役立たないようなさいはてまで S を追跡することもないだろう。すべての statement には，ただ一つの S と一つの P とがなければならないというアプリオリを追放する方が手取り早いのである。S-P を先験的な論理法則であるかのごとく盲信して，その先入見で自ジョウ自縛すると，論調がどうしても重苦しくなる。他の文法形式と同じく，S-P も習慣的事実にすぎない。

(3)の There be～ は，there をフランス語の ce のように単複両様にはたらく（c'est, ce sont）無内容代名詞と見て，それを S とするのが進歩的だろう。そうすると，疑問文の作り方* を初めとして，シンタクスの記述が統一的になり，したがって簡単になる。という解釈と concord する文例を並べておく。

On account of there being no money in the box, ……

Let there be light!

* Here is～ の疑問形は is there～here?

つが考えられる。

a) It's London.

b) London is.

もし(a)の返事が普通なら the capital がSである。もし(b)の返事が普通なら what がSになる。現代英語では(b)の返事が標準的だそうだから，what がSである。このやり方をかりに Abbott's test* と呼んでおこう。

このテストは重要な意味を持っている。このようなテストは，Sを決めることの効用を示しているからである。what がSときまれば，初学者や外国人は，上の質問に対して(b)のように答えることを体系的に（つまり，他の文例の場合と同じ法則に従うものとして）おぼえられるという利益がある。Sの価値も，Sを判別できることそのことで保証されるのである。

A spiritualist is a man.

A man is a spiritualist.

Miss Castlewood was the prettiest girl at the ball.

The prettiest girl at the ball was Miss Castlewood.

That's it.

などの文例には，いろんな Abbottian tests をくふうして適用してみるがよい。何らかの test が成功すれば，その

---

* Edwin A. Abbott (1838—1926)——Elizabethan English の文法家。

3. There be〜 の構文

(0)のうちでも，上記の……and P this finite verb. のようなのはf.v. が文法的に省略されたものと見なされるから，問題はない。一おう問題になるのは，次のようなことわざである。

Like master, like man.

Penny-wise, pound-foolish.

Soon ripe, soon rotten.

Out of sight, out of mind.

解決は簡単である。こんな表現にはSだのPだのを適用しなければいいのである。

(1)は命令文である。命令文はSを欠いて，Pだけのセンテンスである。前掲の規定は，Sを不可欠の成分であるとも何とも言っていないことに気づかれたい。

(2)の A is B 型については論議が絶えない。たしかに最もメンドウである。結論をさきに言えば，この場合にも，Sを題目だなどとは言えないが（つまり反対にS以外が題目である場合も起るが)，Sが題目である文例がモデルになっていろいろな検定法が派生してくるという統計的事情があるから，Sと題目とにはその程度の因縁はあることになる。

What is the capital of England?

では，what と the capital のどちらがSかという問題の解答は以下の通りである。この疑問に対する返事として次の二

目を設けない。フジの花の性質が十分にわかっていないからと言って，フジ色の花を“色彩フジ”と名づけ，房状に垂れ下るものを“形状フジ”と名づけたりすることは，混乱を大きくするばかりである。フジと言えば，マメ科フジ(kraunhia floribunda) に限ることにしておかなければならない。論理的主語とか心理的主語とかいう名称も議論をややこしくすることにしか役立たない。主語をマッ殺して，次のように改称しておく。

論理的主語（？）──→主体

心理的主語──→題目（topic, theme)

さて，そのようにもっぱら文法的な立場に立つとき，S & P の規定は，G. et R. Le Bidois や H. Sweet の次の思想が最もすぐれている。

S is the noun or noun-equivalent with which the finite verb is in grammatical accord, and P this finite verb.

(M. Sandmann: *Subject & Predicate*, p. 100)

この規定を適用しようとするとき，疑義が起るのは次の場合である。だから，これらの疑義を解決すれば S-P 論議はおしまいになる。

0. finite verb を欠くとき
1. the noun を欠くとき
2. the noun が二つあるとき

付　　録

S & P

時折，英文法の S-P 論議をのぞくことがあるが，もったいぶって仰々しい議論が多くて，ウットウしい。シロウトの特権で，ここにアッサリ，モッサリした私見を述べる。

Sの語原はだいたい題目というほどの意味だろうが，語原は全然顧慮しないことにする。したがって次のような意見をも無視する。もっともギロオの方は une notion-thème がいけないだけであるが。

The subject is that to which the speaker wishes to draw the hearer's attention and the predicate is that which the speaker has to say about the subject. (Simeon Potter. 1950)

Sujet et predicat.——Une proposition se compose nécessairement d'un *sujet* et d'un *predicat*; c'est à-dire d'une notion-thème (le sujet) à laquelle on attribue un certain caractère, un certain état ou activité (le prédicat).

(Pierre Guiraud, 1958)

当然（？）の処置ながら，Sはもっぱら文法的主語を指すことにして，他に論理的主語とか心理的主語とかの余計な名

解題

本書は、ミカミさんの三冊目の著書、当時(一九五九年)、

新訂版　現代語法序説
―主語は必要か―

として、次の二著と共に刀江書院から出版されたものの復刊である。(「新訂版」をとって「続」とし、また副題を「――主語廃止論」と改めたことについては後に記す。)

これで、すでに出された

現代語法序説
―シンタクスの試み―
一九五三年刊
一九七二年四月復刊
以下「序説」と略称

現代語法新説
一九五五年刊
一九七二年八月復刊
以下「新説」と略称

と並んで、昨一九七一年九月にミカミさんが亡くなってから、くろしお出版によって企画された、ミカミさんの初期の三主著の復刻が出揃ったわけである。なお、「序説」の復刊に際しては、ミカミ文法の原型ともいうべき処女論文「語法研究への一提試」(雑誌『コトバ』一九四二年六月号掲載)がフロクとして収録された。

ミカミさんには、この三著の他に、『象は鼻が長い』(一九六〇)(以下『象』と略称)、『日本語の論理』(一九六三)、『文法教育の革新』(一九六三)、『日本語の構文』(一九六三)、『文法小論集』(一九七〇)と、つごう五冊の著書があり、これらは、いずれもくろしお出版から刊行中であるが、先の三著は、刀江書院の経営者がかわり、紙型も散逸し、絶版になったままだった。ミカミさ

んの本、とりわけ、両『序説』『象』は、国語学の中でも現代語文法に関しては最も頻繁に引用されるものの中に数えられるが、他の国文法書と異なるのは、外国語学、一般言語学、文化人類学などの分野の研究者の間でも広く読まれているということである。さらに、海外の言語学者、日本語学者ないし日本語教育に従事する人々の間でも、かねてから名著として定評がある。それやこれやで、絶版になっていた先の三著は、近年とくに幻の名著化し、まれに古本市などで姿をあらわすことがあっても、驚くほどの高値を呼んでいたと聞く。著者自身の死という、余りにも大きな代償を払ってのこととはいえ、ここにくろしお出版の勇断によって、一挙にこの三著が復刊されたことの現代的意義は大きい。

さて、今回の復刊に際して、刀江書院版の原著のあたまに「新訂版」とあったのを「続」とし、サブタイトルを「—主語廃止論—」と改めたのは、いうまでもなく故人の遺志を生かしてのことであるが、そのことについてこの機会に一応説明しておきたい。

一九五三年(昭和二八年)の『序説』の出現が、日本文法学界に痛烈な衝撃を与えたことは、今ここにくどくどと述べる必要もないことであるが、専門の学者の間で、感嘆・賞讃・今後の発展への期待の声があがる一方で、その余りにも時代に先駆けた発想、論証の仕方、常識に真向うから挑戦する結論、さらに全編をおおう含蓄に富んだ表現のゆえに、著者の意図はなかなか一般には理解されなかった。処女論文発表以来、十年余にわたる内外文献の捗猟、無数の生きた実例の凝視、寝食を忘れての思索の結果到達したのが〝主語否定論〟すなわち、西洋文法から〝主語〟〝主述関係〟という概念を直輸入して、それを日本語の構文の中心に据えていることが、日本語の正しいシンタクス研究の発展を阻害している、という主張であり、それを周到に論証して世に問うたのが『序説』であったのだが、まるでノレンに腕押しで、感心する声は聞えてきても、まともな反論は打ち返されて来ず、現実は一向に変わらなかった（とミカミさんには思われた）。拍手され、有名になるだけで満足するには、ミカミさんは余りにも純粋でありすぎた。（その純粋さを物語る例を一つここにさしはさむと、先の処女論文を『コトバ』に出したとき、次の号から、いや印刷に間に合わぬということもあろうから(!)次の次の号から、少なくとも『コトバ』に載るすべての論文からは〃主語〃ということばは消えて無くなるにちがいない、と、ミカミさんは当時本気で信じていたそうである。）そこで五年後に再版の話があったとき、本書「再版の序」にもあるように「難解(?)という評判に懲りて、分りやすい本に」するため、論旨を（〃主語廃止論〃に）しぼり、説得にさらに心を用いて、一年を費して書き改めた。そして先の『序説』を絶版にして、新しいのを『新訂版』として出したわけである。しかし前著に対して寄せられたいろいろな感想・批判には答えたい、前著発行の二年後に出した『新説』で考えたこともとり入れたい、で、当然のことながらこの書き直しはかなり大幅な出入りを伴った。二、三例をあげると、第一に章節立ての再編成、たとえば、『序説』で、第三章「活用形の機能」、第四章「単式・複式」となっていたのを、『新訂版』では、一つにまとめて第四章とし、その前に「基本概念」という一章を設けている。第二に、たとえば、「統覚作用」を改めて「統括作用」とするなどの用語の変更、そして第三に、内容や引用にもかなりの出入りが見られる。たとえば、『序説』の第三章の中の、動詞のアスペクトやテンス、副詞の問題などについてのくわしい考察は、『新訂版』ではうんと端折られてしまい、その代り「立木構造式」の試案などが新たに付け加えられた。

これほど大幅な出入りは、「改訂」とか「新訂」とかいうことばで一般に人が予想する限度をはるかに越えるものというべきだろう。第一、ミカミ説の引用に際して一々「最初の序説」とか「後で出た新訂版のほうの序説」というふうに人は断わらないのがふつうだ。で、その後まぎらわしくて、自他ともに困った。ミカミさん自身も、晩年『文法小論集』のはじめに、

Op. 1〔「序説」をさす〕とOp. 3〔「新訂版」をさす〕は同名異著である。異名同著というのはちょいちょいあるようだが、同名異著というのは珍しく、それゆえ失敗だった。

と回顧している。令妹の茂子さん（ミカミさんは終生独身で、身の回りはもとより助手役まですべて茂子さんがひきうけていた）の話によると、ミカミさんは、はじめの「序説」を「現代語法序説A」、後のを「現代語法序説B」とすりゃあよかった、とくやんでいたこともあったそうである。

今回こうしてこの二著が同時に復刊され、今後共存していくとなると、なおいっそうこのまぎらわしさは一掃しておく必要があるだろう、というわけで結局おちついたのが、「新訂版」をとって「続」を付すということだった。ついでに、原著の副題「――主語は必要か――」だが、これは著者が自らの所蔵本その他に赤鉛筆でペケ(バツ)で抹消し、人にもかねてその語感が、自分の、「必死の希望」を表わすには弱すぎる、と言っていた遺志を汲み、今回のように改めようということになったわけである。それと、原著は先のような事情で出されたため、初めの「序説」に寄せられた佐久間鼎氏の序文が、そのまま再録されていた。これも今回名実共に「異名異著」に近づけるべく新たに川本茂雄氏にお願いしたわけである。以上、やや長くなったが、今後のために関係者に代って記しておく次第である。

ミカミさんは、「序説」の後記に、「私の文法研究は佐久間先生の『日本語の特質』を偶然一読したことから始まった」と記している。やがて佐久間鼎氏に直接の指導を迎ぎながら本格的な勉強にとりかかり、一年後に前記〝処女論文〟を『コトバ』(一九四二年六月号)に発表するわけだが、最初から一貫してそのシンタクス研究の基調となったところの「主語・主題・主格」の問題が、明確に問題として意識されたのは、この頃から更に十年も前のことだった。というと、一九三〇年(昭和五年)頃のことになる。二七年に東大工学部建築科を出て台湾総督府に技手として勤めたミカミさんは、二年後に数学教師に転身、羅南中学で教壇に立つかたわら、哲学や文学などに読み耽っていたらしい。その頃、たまたまゴーゴリの「狂人日記」C. Garnett を英訳で読んでいたミカミさんは、次の一節に出くわした。このあたりのことは、晩年の『文法小論集』(70〜71ぺ)に本人が書いているから、それをご覧頂きたいが、かいつまんでいうとこうである。——失踪したスペインの王様のことをずっと気にしていたあるロシアの役人の、遂に発狂した日の日記にこういうところがある。“There is a king of Spain! He has been discovered. *I am that king.* I only heard of it this morning.” ここを読んだミカミさんの頭を、次のような考えがよぎった。この‘*I am that king*’という文の主語は‘*I*’というのがふつうだろう(定動詞‘*am*’と呼応している)が、もし主語を、(当時の)一般の文法書のように「話し手がそれについて何事かを述べるもの」と定義するなら、この‘*I*’は決して主語ではない。主語は‘*that king*’で、‘*I*’はむしろ補語だ。英語では例の「心理的主語」などということばで逃げるところかもしれないが、日本語ではどうだろう。この文を直訳すれば「私ガソノ王様ダ」で、決して「私ハ」とはならないではないか。主語＝主題とすれば、この文の主語は「ソノ王様(ダ)」であり、「私ガ」は断じて主語ではない、それは(主格)補語だ！（ちなみに岩波文庫の訳では、「その王様というのは――おれなんだ」となっている。）……この挿話は、ミカミ文法の原型「語法研究への一提試」が、本人の言う「佐久間鼎先生に入門、日本文法の研究を始めた」一九四一年から一年そこそこで成ったただけのものでは実はないことを物語る。

とはいうものの、この頃のミカミさんは、まだ「批評は何処へ行く？」というような小林秀雄ばりの芸術批評論をものしてみたり（『思想』に入選、一九三〇年十二月号に掲載、筆名早川鮎之助）、西洋古典語に首をつっこんでみたり、また一九四〇年には、『技芸は難く――諷刺――』と題するかなり大部（223ページ）の哲学的随想を、加茂一政というペンネームで自費出版してみたり、といった調子で、特に日本文法だけに精力を傾けていたようすは見られない。もっとも、先に「狂人日記」の一節がヒントとなった、日本語の主語の問題が、自分の徹底的な取りくみを待ち望んで心の中に坐っていることは、常に意識していたにちがいない。

ミカミさんが、佐久間文法との出逢いから日本文法に志すようになるのは、だから決して単なる偶然ではなかった。「物語り文」、「品定め文」とか、「コソアド詞」とか、「吸着語」とかいった数々の斬新な範疇をたてることによって日本語の特質を鮮やかに描き出して見せる点といい、広い言語学的視野に立っている点といい、常に現代の生きた話しことばと取り組んでいる姿勢といい、おまけにその洒脱・流暢な文体まで、従来の国文法書と際立って個性的であったが、何よりも、ミカミさんをして、佐久間氏をおいて自分の師とすべき人はないと思わせたのは、「ハ」を「提題の助詞」として、「ガ」その他の格助詞との本質的な違いを明確に特徴づけていたことであろう。『日本語の特質』を一読して佐久間氏に傾倒したミカミさんは、さっそく文通を始め、やがて九州から来阪した氏に面会して〝入門〟することになる。アメリカとの戦争が今にも始まろうかという頃で、住まい、つとめは、広島、和歌山を経て、ようやく東大阪の八尾に落ちついて間もなくだった。

こうして、先にも書いたように、佐久間氏の指導を受けつつミカミさんは十年前にみずからが提起した問題に立ち向かい、およそ一年後に一応の解答を得、今後の研究方向の展望も含めて、その骨子を前記『コトバ』に発表、さらにその肉づけのため想を錬ること十年、「序説」に到達する。以後の七冊の著書は、この「序説」を主旋律とする変奏曲と言って大きな間違いはないだろう。

これらの著書の一つ一つの内容を要約・紹介することは、この「解題」のよくするところでない。次に試みようと思うのは、発端から「序説」に至る主要な旋律の展開の跡をかんたんにたどり、それとその後の著書との関連を整理し、せめて初めてミカミ文法を読まれる方への私なりの案内を（自分の不案内をタナに上げて）提供することである。最も基本的な「序説」の内容そのものについては、発刊当時、芳賀綏（「国語学」16輯、一九五四年三月）、宮地裕（「国語国文」22巻11号、一九五三年十一月）両氏の、また今回の復刊に際しては山口光氏（大修館「言語」、1巻6号、72年9月号）の紹介・批評があるので参照されたい。（特に前二者のそれは、当時の国語学界の受けとめ方を知る点でも参考になる）。

すでに見たように、ミカミさんの文法研究は、「ハ」と「ガ」の表わすものは何か、「主語」とはいったい何か、という問題意識からスタートしたのであったが、これはとりもなおさず日本語の根底にかかわる問題だった。ミカミさんはそれを徹底して日本語のシンタクティックな構造の全体をときほぐす中で明らかにしようとしたのである。同時に、日本語の特質を、たえずヨーロッパ語、ひいては言語一般の普遍性との対置において捉えようとした。この一貫した二つの基本方針こそミカミ文法の本領であり、それが現在も内外の言語学者にとっての貴重な指針であり続けるゆえんであろう。次にその問題の広がりと、『序説』各部分とのつながりをごくかんたんにつけてみよう。

まず「ガ」であるが、この助詞が表わしているものをヨーロッパ語と比較してみると、それはいわゆる「主格」にあたるということができる。同様に「ヲ」は対格、「ニ」は位格等々と多少の違いはあれ、本質的には対応しているといえそうだ。では「格」とはいったい何か。言語によってその表わし方は様々だが、共通しているのは、用言と名詞との論理的関係の表示、（広い意味の）動詞の意味を充足するために必要な「補語」と動詞との関係を表示するものということだ。言語表現の主役は述語（すなわち用言、広義の動詞）であろうが、動詞の作用は、一般的に言って、このように補語を「統括」する面と、話し手の「陳述」を表わす面がある。前者は語幹が、つまり動詞が本来的にもっている観念に関わる作用であり、後者は（活用のある言語なら）活用部分が受けもつ作用だ。語幹が一定の補語（仕手・あり手・受け手・位置など）と結びついたものを「不定法部分」と名づける。ヨーロッパ語では仕手・あり手の格、すなわち主格が（補語からぬけ出して他の）補語と対立し、動詞の活用語尾を（人称その他で）左右する。これを指して「主語」というのだ。日本語では主格はあくまで補語の一つであるに止まる。しかし（構文上）最も重要な格であるには違いない。その相対的優位はいろいろなところに現われるが中でも受身と敬語法は重要で、そのシンタクスは日本語の特異性の一つを示す。

次に「ハ」であるが、これは「主題」という、「格」とは全く違った次元のものを表わす。ヨーロッパ語ではこれを明示する形式はない。主語が主題を表わすことが多い（特に名詞文では）というだけのことで、そのため、主語＝主題という誤解が生じた。明瞭に主題を表わす形式を備えているのは日本語の大きな長所というべきだ。どんな補語でも「ハ」を使うことによって主題にとり立てることができる。（ここを拡大して見せたのが『象』、次に『革新』）。主題は不定法部分の外に立ち、陳述と関わる。先の動詞の二面性のうち、陳述作用を把握するためには活用形の働らきを研究しなければならない。それも伝統的な活用表ではだめだ。ムードを軸とした（普遍的な）活用形の整理、それぞれの陳述度の強さ弱さ（「開」、「閉」、その中間）テンスの問題、アスペクトの問題、ムードの一つとして見た提示法……（以上が『序説』の第二、三章）。

次に、ヨーロッパ語では、主述関係をテコにして、単・重・複の文構造を分類できるが、述語一本建の日本語ではやはり述語の活用形をテコにするしかない。先の不定法部分を構文の大きい単位とする。（小さい単位は橋本「文節」）。シンタクスは用言の係り結びのしかたを明らかにしなければならないが、それが不定法内部に止まる場合を「単式」と名づける。連用と連体はその代表。単式の構文では、上からは補語がその用言をとおりぬけて下に係っていくし、下からは文末のムードが上の不定法部分をおおうのである。それらがさえぎられる場合が「複式」だが、さらに各部分の独立性の強弱にしたがってそれを「硬式」と「軟式」にわける。要するに「主述関係」で複雑な文の構造を分解していくことのできない日本語では何をきめ手として、どういう規準をたてて構文を類型的に分析していくかが研究されなければならない。……(このあたりが第四章)。以上が『序説』本論の筋道のあらましで、第一章はそこへ行くまでの準備として、シンタクスの単位としての橋本「文節」、語の認定と品詞分け、また、時枝「詞・辞」を構文上は重要な概念ではあるが品詞分けに適用するのは無理であることなどを論じて、従来の国語学との話し合いの場をまず設立しようとしたものと言える。

ミカミさんの本はいずれも密度が極めて濃く、当りまえのこと(と本人の思うこと)はできるだけ端折っている上に、独特の用語が次々に出てくるために読者はその思考の展開を追っていくのに難儀することがしばしばだが、中でも『序説』は、著者十数年の内外古今の文献の検討と熟考の結果を一気にぶっつけた感があり、阪倉篤義氏もかつて書いているように、著者自らが「次々とわき起こる着想を、いかに処理すべきかに苦しんでいるかにさえ見える」(『国語学』18輯)。多くの新造用語は、何よりも日本語の構文論そのものが未開拓であったこと(今もそれほど変わっているとは言えない)に起因し、それらは著者の独創的な分析の方法ないし結果を表現するのにどうしても必要な器であったに違いないのだが、それらの充分な定義づけ、例示が積重ねられぬうちに、それらを駆使して議論がさらに次の段階へ進んでいく、といったことが見られ、一般の理解を困難にすると同時に誤解もされるもととなったことは否定できない。

で、その後の著作では、これらの感想、批評を考慮し、問題を限定する一方、従来の国語学者の見解、ヨーロッパ語文法の成果をできるだけ引き合いに出して説得に意を用いたことが見られる。『続・序説』についてはすでに述べたので、ここでその他のものを瞥見してみよう。まず、両序説の間に介在する『新説』であるが、これは『序説』

で自説「主語否定論」を展開するために踏み石とした基礎概念をじっくりと根底から吟味したものといってよいだろう。「特に品詞論に力こぶを入れる、敬語にも」といった書き入れが見られ、構成の順序も、名詞、動詞といった「品詞論」を先に立てて、やや類書と外見は近づいている。しかし基本をシンタクスにおいている点は変わらない。名詞の章は、だから実は「格とは何か」の吟味であり、動詞の章の重点は「活用とは何か」といった風である。特に言語普遍への志向が著しく、したがって、一般言語学の立場から日本語を研究しようとする人や、外国語を専門とする人々には特に向いていると言えそうだ。

『象』については先に触れたが、これは問題を「ハ」の構文的機能に絞って、その「述」と呼応して「題」を提示するという「本務」と、「ガ」その他の格助詞を「代行」するという「兼務」の二面、特に後の面を、拡大して見せたものである。

再三の筋道を立てての論証にもかかわらず、しかしミカミさんのいわゆる主語否定論はなかなか一般に理解されなかった。中でもいちばん抵抗が大きかったのは、肝心の国語学界、国語教育界においてだった。既成概念を打破することは「無謀に近い」ことをミカミさんはつくづく思い知らされる。既成概念の後楯になっている権威は、日本人の場合、特にヨーロッパ先進諸国の学説であり、その「論理性」であり、さらに「伝統的国語学の通説」である。第一の点については、すでに『序説』『続序説』『新説』で、自分の問題として いる文法用語が、彼らの言語事実を説明するには妥当なものとも考えられるが、しかし我々の言語事実には無益、有害でさえあるのだという形で、また一方、自分の問題としていることが、実はしばしば彼ら自身の言語の研究においても深刻な問題であり得るのだ、という形で、読者の主体的な思考をもとめて来た。では次の「論理性」ということに取りくんでみよう、というのが『日本語の論理』である。「主語などというものはない」というと、それは日本語が〝非論理的〟だというコンプレックスを強調するものではないか、というような低俗な反応を示す人さえある。文法上の主述関係が有るとか無いとかいうことと、論理的・非論理的ということとは全く別のことだ、ということを知らず、知ろうともしない人が余りにも多いことに業を煮やしたミカミさんは、それでは「論理的」とは何か、と問いかけ、むしろ「ハ」をもつ日本語はすぐれて論理的でさえあることに日本人の眼を開かせようとする。『文法教育の革新』にもまた、既成概念に盲目的に固執する保守的な人々、とくに国語教育界への辛棒づよい語りかけが見られる。ここでは一転して、これまでの国語学者や教育の現場にたずさわる人々の間にも、自分と本質的にはそう距らない見解ないし問題意識をもった人が少なからずあったのだということを紹介する。この本はまた一部『象』の続篇といったところもあり、「ハの代行機能」について更におびただしい実例が並べられてあり、この著者のこの問題にかけてきた時間の重みと、不断の鋭い観察に改めて感心させられる。この本の「いわゆる総主の歴史」の一章は、この構文に関心をもつ者には必見であろう。

『文法小論集』（一九七〇年）は、ミカミさんの最後の著書となったもの（論文としてはこの後に「主格の優位」という一篇がある）で、『序説』出現以来度々言われながら、一般の期待したような形での〝体系的な〟文法書は遂に書かなかったものの、常に未開の原野に踏み入り、理論的には先端を歩んで来た者の一種爽やかな回顧の調子を帯びている。今から見ると、迫りつつある死期を予感して、自ら総決算をすると共に、後進のために未来への展望を示して見せたというフシさえ見受けられないではない。とはいえこれは単なる回顧や随想的な小論集を集めたものでは決してない。特に変換・生成文法に、その擡頭以来深い関心と期待を寄せて来たこの人の、その理論と自己の持論との深いところでの共同発展の可能性を示している点、また自分のいささかも衰えない前衛的な問題意識に立っての、現段階の生成文法への助言的指摘は、この本が、小型ながら、この方向に関心をもつ研究者に遺してくれた貴重な伴侶であることを思わせる。

以上、ミカミ文法の出発点から、その広がりを（私なりに）辿りつつ、その著書の位置づけをささやかながら試みた。

いうまでもないことながら、この類まれな独創の思想の所産の中から、どのような問題をどこで見つけ出し、それをどう自分のものとして発展させていくかはその人次第である。

桑原武夫氏は『展望』（72・1）の追悼文の中で、三上章を日本の「戦後の土着主義の先駆者」と呼んだが、ミカミさんは土着主義に徹することこそ普遍へ通ずる最も確かな道であることを示した見本であるとも言えよう。

しかしながら、言語、日本語の研究の中だけに限っても、ミカミ学説の先駆性は常に充分認識されているとは言いがたい。度々くり返される主語論争でも、ミカミさんが三十年来その著書論文の中で指摘してきたことに充分注意が払われていないと見受けられることは珍しくなく、それ故ミカミ文法の到達点を一歩も出ていないことがいまだに多い。構造主義が入ってくるとブロックの基本文型の設定（それは述語の一本建）や活用の斬新さに眼をみはり、変換文法が隆盛になると、その安易な日本語への適用で自己満足する例が少ないとは言えないのではなかろうか。

新しい学説、方法論が出て来て、その中で日本語の特質が俎上に上る度ごとに、欣喜勇躍して議論に参加したミカミさんから、突飛かもしれないが、私はしばしば、一団となって走る長距離競走の先頭集団の中に、いつの間にかトラックをひと廻り（あるいは二廻りも三廻りも）して来て再び大まじめに先頭を争って走っている、並外れた脚力のランナーの姿を連想したことであった。

以上、予想外の長々しい「解題」となった。貴重な紙面を与えられたくろしお出版に感謝するとともに、未熟ゆえの誤りがないかを虞れることしきりである。

東京では、川本茂雄、山口光、山崎紀美子の三氏を中心に「ミカミ文法研究会」ができているそうである。三上茂子さんが中心になって編まれ、本書にその目録が出ているミカミさんの全論文の、まとまった刊行も近いことであろう。「全集」を、という有力な声も上がっている由である。いずれ本格的な研究論集なども出されるであろうことを待望しつつ拙い筆を措く。

一九七二年九月十六日
ミカミ・アキラ忌

寺村秀夫

三上　章　論文目録

年月	題名	発表場所
42. 6.	語法研究への一提試*	コトバ
42. 7.	語法研究の不振	国語研究
42.10.	連体と連用	国語研究
42.11.	動詞の境遇性	国語研究
42.12.	敬語法の境界線	コトバ
43. 2.	述語としての体言	コトバ
43. 4.	用言の種類	国語研究
43. 6.	代名詞の問題	英語教育
43. 6.	現代語法の問題	国語国文
43. 9.	体言の役割	コトバ
52. 1.	主格・主題・主語	国語学
52. 6.	文首と文末	国語国文
52. 9.	金魚問答	言語生活
53. 3.	ハとガの使分け	語文
53. 8.	陳述度？	国語学
53. 9.	辞書には連用形を	言語生活
53.10.	構文論の諸問題	国語学
54. 1.	バス・ガールに代って	言語生活
54. 7.	漢字かな絶望論	ことばの教育
54. 8.	クェスチョン・コンマ	ことばの教育
54.12.	文法の一年生	ことばの教育
54.12.	関係代名詞	言語生活
55. 2.	名詞文の拡張	国語と国文学
55. 6.	甲，乙オヨビ丙	言語生活
55. 7.	日本文法のむずかしさ	語文
55. 9.	二つの問題	ローマ字世界
55.12.	連語論	講座日本語 II
56～58	句読法私案(連載)	Izumi
57. 1.	象は鼻が長い	国語研究
57. 8.	係助詞「ハ」	新国語研究
58. 1.	主語存置論に反対	国語国文
58. 1.	主語と述語	日本文法講座 V
58. 3.	中称の承前作用	石浜記念論文集
58. 6.	主格の相対的優位	国語学
58. 8.	基本文型論	国語教育のための国語講座 V
60.11.	象の鼻をめぐって	文学論藻
60～61	文法教育のために(連載)	Izumi

年月	題名	発表場所
61. 3.	いわゆる可能動詞	ことばの教育
61. 4.	日本語の主語	中学国語Ⅲ
63. 5.	日本語は論理的でないか	日本語
64. 1.	日本人の言語意識	言語生活
64. 1.	連用修飾語	講座現代語Ⅵ
65. 9.	「は」と「が」の研究法	日本語教育
67. 4.	日英文法の比較*	大谷女子大学紀要
67. 10.	世界語への寄与	Energy
67. 11.	存在表現をめぐって	ことばの宇宙
68. 2.	主語事務取扱い	ことばの宇宙
68. 3.	人称雑疑	ことばの宇宙
68. 12.	尊敬語「申サレル」	文法
69. 2.	補語としての主語	文法
69. 10.	オ降リノ方ハゴザイマセンカ	文法
69. 10.	存在文の問題*	大谷女子大学紀要
69. 11.	主語論争	文法
71. 1.	表層構造と基本構造	文法
71. 7.	万と億の廃止	蟻塔
71. 9.	主格の優位	言語学と日本語問題

(三上茂子編・くろしお出版編集部補)

(注1) ＊印は，既刊の著作中に，フロクとしておさめられている。

(注2) 言語関係以外の論文(『現代語法序説』409ペの三上章年譜所収のものなど)や『国語学辞典』(東京堂)に執筆したものは，はぶいてある。

(注3) 目録作成にあたって，森清，二瓶愛蔵，今村俊介，三尾砂，寺村秀夫，佐伯哲夫，中村宗彦の諸氏のお教えをうけた。

なお，くろしお出版では，73年中に，『三上章論文集』の刊行をくわだてています。この目録にもれた論文をご存じの方がそれをおしらせくだされば，ありがたく存じます。

第二刷にあたって：『三上章論文集』(75年刊)にもっと詳しい論文目録があります。

三上 章（みかみ あきら） 1903年 - 1971年

広島県高田郡上甲立村（現安芸高田市）に生まれる。東京大学工学部建築科卒業。大阪府立八尾高等女学校（現山本高等学校）講師、武庫川女子大学講師などを経て、1965年に大谷女子大学教授に就任。1970年、ハーバード大学に招かれて渡米。1960年、「構文の研究」で東洋大学から学位授与。著書に『象は鼻が長い ―日本文法入門』、『文法教育の革新』、『日本語の構文』、『日本語の論理 ―ハとガ』、『文法小論集』、『現代語法序説 ―シンタクスの試み』、『現代語法新説』、『続・現代語法序説 ―主語廃止論』、『構文の研究』など。

続《ぞく》・現代《げんだい》語《ご》法序説《ほうじょせつ》 ―主語廃止論

1972年10月10日　第 1刷発行
2023年 4月20日　第 7刷発行（新装版）

著者：三《み》 上《かみ》 章《あきら》

発行人：岡野秀夫
発行所：くろしお出版
〒102-0084　東京都千代田区二番町 4-3
電話：03-6261-2867　FAX：03-6261-2879
https://www.9640.jp/

印刷：藤原印刷　装丁：庄子結香

検印省略　Printed in Japan
ISBN978-4-87424-097-6

日本語学　既刊書

象は鼻が長い　日本文法入門

三上章 著　B6判／2,420円(本体2,200円＋税)

二重主語問題の代表的例文を書名に、鮮やかな変形操作と千以上の生きた例文を駆使し「ハ」の本質を明らかにしたベストセラー。現在の日本語学研究に海外にまで大きな影響をもたらした一冊。40刷を達成した三上章の代表作。

『象は鼻が長い』入門　日本語学の父 三上章

庵功雄 著　B6判／1,760円(1,600円＋税)

三上の生前の作品の主張をわかりやすく解説。著名な文法家の引用をまじえながら、若い世代の視点から三上作品を評した。

日本語のシンタクスと意味 I－III

寺村秀夫 著　A5判上製／各4,180円(本体3,800円＋税)

日本語の文法研究とその教育実践に大きな功績を残した寺村秀夫の代表的著作。日本語教育の現場にいた著者が、伝統的な国語学説ではなく、日本語自体がもっている理屈を客観的に説明することを試みた成果がまとめられている。

やさしい日本語のしくみ　改訂版　日本語学の基本

庵功雄/日高水穂/前田直子/山田敏弘/大和シゲミ 著　A5判／1,100円(本体1,000円＋税)

これから日本語学の勉強を始める人や日本語教師になる人のための日本語入門書。重要事項がやさしくわかる。ロングセラー書籍を改訂。

点と線の言語学　言語類型から見えた日本語の本質

影山太郎 著　A5判／3,740円(本体3,400円＋税)

多くの面で対照的な英語と日本語の文法・意味など言語構造の違いを、〈点（個）〉と〈線（つながり）〉という観点から整理しなおす。

日本語文論要綱　叙述の類型の観点から

益岡隆志 著　A5判／3,960円(本体3,600円＋税)

筆者が文論の要をなすと考える叙述の類型の研究（叙述類型論）の観点から、現代日本語文法研究をさらに深化させることを目指す。

日本語の地殻変動　ラレル・テアル・サセルの文法変化

角田太作 著　A5判／3,520円(本体3,200円＋税)

現代日本語に起こっている変化について、ラレル・テアル・サセルを中心に紐解く。「熊がやむを得ず射殺されました」は自然？　不自然？